KUASA TUHAN

*Sejak permulaan zaman
tidak pernah kita dengar bahawa
sesiapa pun
membuka mata orang yang dilahirkan buta
Sekiranya lelaki ini bukan datangnya daripada Tuhan,
Dia tidak mampu melakukan apa-apa.*
(Yohanes 9:32-33)

KUASA TUHAN

Dr. Jaerock Lee

Kuasa Tuhan oleh Dr. Jaerock Lee
Diterbitkan oleh Urim Books (Wakil: Johnny. H. Kim)
235-3, Guro-dong 3, Guro-gu, Seoul, Korea
www.urimbooks.com

Semua Hak Cipta Terpelihara. Keseluruhan atau sebahagian buku ini tidak boleh diterbitkan semula dalam apa jua bentuk, disimpan dalam sistem dapatan semula, disebarkan dalam apa jua bentuk atau dengan apa jua cara, biarpun secara elektronik, mekanikal, fotokopi, rakaman atau lain-lain cara, tanpa dahulunya memperolehi kebenaran bertulis daripada penerbit.

Kecuali dinyatakan sebaliknya, semua petikan Kitab diambil dari Alkitab Berita Baik, Edisi Kedua , 2001, Hak Cipta © Bible Society of Malaysia 2001. Digunakan dengan kebenaran.

Hak Cipta Terpelihara © 2009 oleh Dr. Jaerock Lee
ISBN: 979-11-263-1188-0 03230
Hak Cipta Penterjemahan © 2005 oleh Dr. Esther K. Chung.
Digunakan dengan kebenaran.

Dahulunya diterbitkan kepada bahasa Korea oleh Urim Books pada tahun 2004.

Pertama Diterbitkan September 2005
Edisi Kedua Ogos 2009

Disunting oleh Dr. Geumsun Vin
Direkabentuk oleh Biro Editorial Urim Books
Untuk maklumat lanjut, hubungi urimbook@hotmail.com

Prakata

Berdoa bahawa kuasa Tuhan Maha Pencipta dan gospel Yesus Kristus, semoga semua orang mengalami kerja-kerja berapi Roh Kudus...

Saya bersyukur kepada Tuhan Bapa, yang telah merahmati kami sehingga dapat menghimpun dan menerbitkan semua pesanan-pesanan daripada Perjumpaan Kebangkitan Khas Dua Minggu yang diadakan pada Mei 2003 - di bawah tema "Kuasa" - di mana banyak pengakuan yang memuliakan Tuhan disaksikan, sebagai satu cetakan tunggal.

Sejak tahun 1993, sebaik sahaja selepas ulang tahun kesepuluh gereja, Tuhan mula mengasuh ahli-ahli Gereja Besar Manmin untuk memiliki iman yang sebenar dan menjadi manusia rohani melalui Perjumpaan Kebangkitan Khas Dua Minggu tahunan.

Di bawah tema Perjumpaan Kebangkitan Khas Dua Minggu tahun 1999 "Tuhan adalah Cinta," Dia membenarkan banyak dugaan rahmat supaya ahli-ahli Manmin akan menyedari kepentingan gospel sebenar, mematuhi hukum dengan penuh cinta, dan menyerupai Tuhan kita yang memanifestasikan kuasa hebat.

Menjelang abad baru pada tahun 2000, untuk memastikan semua orang di dunia mengalami kuasa Tuhan Maha Pencipta, gospel Yesus Kristus, dan kerja-kerja berapi Roh Kudus, Tuhan merahmati kita sehingga menyiarkan Perjumpaan-perjumpaan Kebangkitan melalui satelit Moogoonghwa dan Internet. Pada tahun 2003, para penonton di lebih kurang 300 buah gereja di dalam Korea dan lima belas negara mengambil bahagian dalam Perjumpaan Kebangkitan tersebut.

Kuasa Tuhan berusaha memperkenalkan proses bagaimana seseorang menjumpai Tuhan dan menerima kuasaNya, tahap-tahap kuasa berbeza, Kuasa Penciptaan Tertinggi yang menjangkaui batas yang dibenarkan kepada makhluk manusia, dan tempat-tempat di mana kuasa-kuasa tersebut dimanifestasikan.

Kuasa Tuhan turun kepada seseorang sebagaimana orang itu menyerupai Tuhan yang merupakan cahaya. tambahan pula, apabila roh dia menyatu dengan Tuhan, dia boleh memanifestasi jenis-jenis kuasa yang dimiliki oleh Yesus. Ini adalah kerana di dalam Yohanes 15:7, Tuhan berfirman kepada kita, "Jikalau kamu tinggal di dalam Aku dan firman-Ku tinggal di dalam kamu, mintalah apa saja yang kamu kehendaki, dan kamu akan menerimanya."

Kerana saya sendiri telah mengalami keseronokan dan kegembiraan bebas daripada penyakit dan keperitan tujuh tahun yang melanda diri saya, dan untuk menjadi hamba berkuasa yang menyerupai Tuhan, saya berpuasa dan berdoa selama beberapa hari setelah saya ditauliahkan menjadi hamba Tuhan. Yesus memberitahu kita di dalam Markus 9:23, "'Jika engkau dapat?' Tidak ada yang mustahil bagi orang yang percaya." Saya juga percaya dan berdoa kerana saya berpegang teguh kepada janji Yesus, "Sesungguhnya barangsiapa percaya kepada-Ku, ia akan melakukan juga pekerjaan-pekerjaan yang Aku lakukan, bahkan pekerjaan-pekerjaan yang lebih besar dari pada itu. Sebab Aku pergi kepada Bapa" (Yohanes 14:12). Disebabkan itu, sepanjang Perjumpaan Kebangkitan tahunan, Tuhan telah menunjukkan kita tanda-tanda menakjubkan dan keajaiban yang memberikan kita penyembuhan dan jawapan yang tidak terkira. Tambahan pula, sewaktu minggu kedua Perjumpaan Kebangkitan tahun 2003, Tuhan menumpukan manifestasi kuasaNya ke atas mereka yang buta, tidak dapat berjalan, tidak boleh mendengar dan bercakap.

Walaupun sains perubatan telah maju dan terus mencapai kemajuan berterusan, adalah hampir mustahil untuk mereka yang hilang penglihatan atau pendengaran untuk disembuhkan. Namun, Tuhan yang Maha Kuasa, memanifestasi kuasaNya supaya apabila saya hanya berdoa dari mimbar, kerja kuasa penciptaan dapat memperbaharui saraf-saraf dan sel-sel yang telah mati, dan orang-orang itu dapat melihat, mendengar dan bercakap. Sebagai tambahan, tulang-tulang belakang bengkok diluruskan, dan tulang-tulang kaku menjadi longgar supaya mereka dapat membuang tongkat-tongkat, dan kerusi roda dan seterusnya bangun, melompat, dan berjalan.

Kerja-kerja keajaiban Tuhan juga menjangkaui masa dan ruang. Orang yang menghadiri Perjumpaan Kebangkitan melalui siaran satelit dan Internet juga dapat mengalami kuasa Tuhan, dan mereka terus memberikan pengakuan sehingga ke hari ini.

Kerana itu lah pesanan-pesanan daripada Perjumpaan Kebangkitan tahun 2003 – di mana sebilangan besar orang dilahirkan semula oleh firman kebenaran, menerima kehidupan baru, penyelamatan, jawapan, dan penyembuhan, mengalami kuasa Tuhan, dan memuliakan Dia dengan hebat – telah dikumpulkan dalam penerbitan tunggal.

I berterima kasih khas kepada Geumsun Vin, Pengarah Biro Editorial dan para kakitangan beliau, dan tidak lupa juga kepada Biro Penterjemahan kerana kerja-kerja keras mereka.

Semoga setiap daripada anda mengalami kuasa Tuhan Maha Pencipta, gospel Yesus Kristus, kerja berapi Roh Kudus, dan semoga keseronokan dan kegembiraan mengalir dalam kehidupan anda – semua ini saya berdoa dengan nama Tuhan kita!

Jaerock Lee

Pengenalan

Buku yang wajib dibaca, sebagai panduan tentang cara kita boleh mendapatkan keimanan sebenar dan mengalami kuasa Tuhan yang Maha Hebat

Saya memanjangkan segala kesyukuran kepada Tuhan dan kemuliaan kepada Tuhan, yang telah membolehkan kami mengumpulkan pesanan-pesanan dari 'Perjumpaan Kebangkitan Khas Ke-sebelas dengan Dr. Jaerock Lee' pada bulan Mei 2003, yang berlangsung di tengah-tengah kuasa Tuhan yang besar dan menakjubkan.

Kuasa Tuhan akan melanda anda dengan kemuliaan dan kepiluan, kerana ianya mengandungi sembilan pesanan daripada Perjumpaan Kebangkitan yang diadakan di bawah tema "Kuasa," selain daripada pengakuan-pengakuan daripada sebilangan individu yang telah secara langsung mengalami kuasa Tuhan hidup dan gospel Yesus Kristus.

Dalam Pesanan Pertama, "Percaya kepada Tuhan," identiti Tuhan, apakah maksud percaya kepada Dia, dan cara-cara kita dapat menemui dan mengalami Dia diterangkan di dalam bab ini.

Dalam Pesanan Kedua, "Percaya kepada Yesus," tujuan kenapa Yesus datang ke bumi, kenapa Yesus sahaja ialah Penyelamat kita, dan kenapa kita menerima penyelamatan dan jawapan apabila kita mempercayai kepada Tuhan Yesus, dibincangkan.

Pesanan Tiga, "Sebuah Bekas yang Lebih Indah daripada Permata," menerangkan tentang apa yang diperlukan untuk menjadi bekas yang berharga, mulia, dan indah di mata Tuhan, serta rahmat yang diturunkan ke atas bekas sebegitu.

Pesanan Keempat, "Cahaya," menerangkan cahaya rohani, apa yang kita harus melakukan untuk menemui Tuhan yang merupakan cahaya, serta rahmat-rahmat yang kita akan menerima apabila berjalan di dalam cahaya.

Pesanan Kelima, "Kuasa Cahaya," mendalami empat peringkat berbeza kuasa Tuhan yang dimanifestasikan oleh manusia melalui pelbagai warna cahaya, serta pengakuan-pengakuan pelbagai jenis penyembuhan yang berlaku di setiap peringkat itu. Tambahan pula, dengan memperkenalkan Kuasa Penciptaan Tertinggi, iaitu kuasa Tuhan yang tidak terhad dan cara-cara kita boleh menerima kuasa tersebut diterangkan secara terperinci dalam bab ini.

Berdasarkan kepada proses di mana lelaki yang dilahirkan dalam keadaan buta dapat melihat semula setelah bertemu dengan Yesus serta pengakuan-pengakuan sebilangan orang buta yang telah dipulihkan mata mereka, Pesanan Keenam, "Mata Orang Buta akan Dibuka," akan membantu anda menyedari secara langsung kuasa Tuhan maha Pencipta.

Dalam Pesanan Ketujuh, "Orang akan Bangun, Melompat, dan Berjalan," adalah kisah seorang lumpuh yang datang bertemu

Yesus dengan bantuan kawan-kawannya, bangun, dan berjalan, diperincikan. Selain itu, Pesanan itu juga menyedarkan para pembaca tentang jenis amalan keimanan mereka yang diperlukan untuk hadir di hadapan Tuhan untuk mengalami kuasa seperti pada hari ini.

Pesanan Kelapan, "Orang akan Bergembira, Menari, dan Menyanyi," mendalami cerita seseorang yang pekak dan bisu yang menerima penyembuhan apabila dia bertemu dengan Yesus, dan memperkenalkan cara-cara di mana kita boleh mengalami kuasa sebegitu pada hari ini.

Akhir sekali, di dalam Pesanan Kesembilan, "Kehematan Tuhan yang Tidak Pernah Gagal," mengandungi ramalan hari-hari terakhir dan kehematan Tuhan untuk Gereja Besar Manmin – kedua-duanya telah didedahkan oleh Tuhan Sendiri semenjak Manmin diasaskan lebih daripada dua puluh tahun yang lepas – diterangkan dengan jelas.

Melalui penerbitan ini, semoga lebih ramai orang mula memiliki iman yang sebenar, sentiasa menikmati kuasa Tuhan Maha Pencipta, dan digunakan sebagai bekas-bekas Roh Kudus untuk mencapai kehematan Dia, dengan nama Tuhan Yesus Kristus saya berdoa!

Geumsun Vin
Pengarah Biro Suntingan

Isi Kandungan

Pesanan 1

Percaya Kepada Tuhan (Ibrani 11:3) · 1

Pesanan 2

Percaya Kepada Yesus (Ibrani 12:1-2) · 25

Pesanan 3

Sebuah Bekas yang Lebih Indah daripada Permata

(2 Timotius 2:20-21) · 47

Pesanan 4

Cahaya (1 Yohanes 1:5) · 67

Pesanan 5

Kuasa Cahaya (1 Yohanes 1:5) · 85

Pesanan 6

Mata Orang Buta akan Dibuka (Yohanes 9:32-33) · 117

Pesanan 7

Orang akan Bangun, Melompat, dan Berjalan
(Markus 2:3-12) · 135

Pesanan 8

Orang akan Bergembira, Menari, dan Menyanyi
(Markus 7:31-37) · 157

Pesanan 9

Kehematan Tuhan yang Tidak Pernah Gagal
(Ulangan 26:16-19) · 179

Pesanan 1
Percaya Kepada Tuhan

Ibrani 11:3

Kerana beriman, maka kita mengerti bahawa alam ini diciptakan oleh firman Tuhan, sehingga apa yang kita lihat telah terjadi dari apa yang tidak dapat kita lihat

Semenjak Perjumpaan Kebangkitan Khas Dua-minggu yang pertama diadakan pada Mei 1993, sebilangan besar orang telah secara langsung mengalami kuasa dan kerja-kerja Tuhan yang semakin meningkat, yang dengannya penyakit-penyakit yang tidak dapat diselesaikan oleh sains telah diselesaikan. Selama tujuh belas tahun yang lepas, sepertimana kita membaca di dalam Markus 16:20, Tuhan telah mengesahkan firman Dia dengan tanda-tanda yang menyertainya.

Melalui pesanan-pesanan tentang keimanan yang mendalam, kebenaran, badaniah dan rohaniah, kebaikan dan cahaya, cinta, dan sebagainya, Tuhan telah membawa beberapa ahli Manmin ke alam rohani yang lebih mendalam. Tambahan pula, dengan setiap Mesyuarat Kebangkitan, Tuhan membawa kami untuk menyaksikan kuasa-Nya secara langsung sehingga ia menjadi satu Mesyuarat Kebangkitan yang terkenal di dunia.

Yesus memberitahu kita di dalam Markus 9:23, "'Jika engkau dapat?' Tidak ada yang mustahil bagi orang yang percaya." Oleh itu, jika kita memiliki iman yang sebenar, tiada apa yang mustahil untuk kita dan kita akan menerima apa sahaja yang dikehendaki.

Jadi, apa kita harus mempercayai dan bagaimana kita harus mempercayainya? Jika kita tidak mempercayai kepada Tuhan dengan betul, kita tidak akan dapat mengalami kuasa Dia dan akan menjadi susah untuk menerima jawapan daripada Dia. Kerana itu lah memahami dan mempercayai dengan betul adalah perkara yang paling penting.

Siapakah Tuhan?

Pertama sekali, Tuhan adalah pengarang enam puluh enam buku Alkitab. 2 Timotius 3:16 mengingatkan kita bahawa "Semua yang tertulis dalam Alkitab, diilhamkan oleh Tuhan." Alkitab terdiri daripada enam puluh enam buah buku dan dianggarkan telah direkodkan oleh tiga puluh empat orang yang berlainan sepanjang tempoh 1,600 tahun. Namun, aspek yang paling menakjubkan tentang setiap buku dalam Alkitab adalah bahawa, walaupun pada hakikatnya ia telah direkodkan oleh ramai orang yang berbeza selama berabad-abad lamanya, dari awal hingga akhir, ia tetap sejajar dan sama antara satu sama lain. Dalam erti kata lain, Alkitab adalah firman Tuhan yang dicatatkan melalui inspirasi oleh orang yang berlainan yang Dia dianggap sesuai dari zaman sejarah yang berbeza, dan melaluinya Dia menyatakan diri-Nya. Itulah sebabnya orang-orang yang percaya Alkitab sebagai firman Tuhan dan mematuhi perintah itu boleh mengalami berkat dan rahmat yang Dia telah janjikan.

Seterusnya, Tuhan ialah "Aku Adalah Aku" (Keluaran 3:14).

Tidak seperti berhala yang dicipta oleh imaginasi manusia atau diukir dengan tangan, Tuhan kita adalah Tuhan yang benar yang telah wujud sejak sebelum permulaan zaman dan selama-lamanya. Selain itu, kita boleh menggambarkan Tuhan sebagai cinta (1 Yohanes 4:16), cahaya (1 Yohanes 1:5), dan hakim segala sesuatu pada akhir zaman.

Namun, di atas segala-galanya, kita mesti ingat bahawa Tuhan, dengan kuasaNya yang mengagumkan, menciptakan segala sesuatu di langit dan di bumi. Dialah Yang Maha Satu yang telah sabar dan menampakkan kuasa menakjubkan beliau dari detik Penciptaan hingga ke hari ini.

Pencipta Segala Sesuatu

Dalam Kejadian 1:1, kita mendapati bahawa "Pada mulanya Tuhan menciptakan langit dan bumi." Ibrani 11:3 memberitahu kita, "Kerana iman kita mengerti, bahawa alam semesta telah dijadikan oleh firman Tuhan, sehingga apa yang kita lihat telah terjadi dari apa yang tidak dapat kita lihat."

Dalam keadaan kekosongan pada permulaan zaman, dengan kuasa Tuhan segala-galanya di dalam alam semesta telah diciptakan. Melalui kuasaNya, Tuhan menciptakan matahari dan bulan di langit, tumbuhan dan pokok, burung dan haiwan, ikan dalam lautan, dan manusia.

Walaupun dengan fakta ini, orang ramai tidak percaya kepada Tuhan Maha Pencipta kerana konsep penciptaan terlalu bercanggah dengan pengetahuan atau pengalaman yang mereka telah mendapat dan melalui di dunia ini. Sebagai contoh, dalam minda orang-orang seperti ini, tidak mungkin segala sesuatu di dalam alam semesta diciptakan daripada kekosongan oleh firman Tuhan.

Sebab ini lah teori evolusi telah dikemukakan. Mereka yang berpegang kepada teori evolusi berbahas mempercayai bahawa organisma hidup mula wujud secara tidak sengaja, mengalami evolusi dengan sendirinya dan membiak untuk menambahkan bilangan. Jika manusia menidakkan bahawa Tuhan menciptakan alam semesta dengan rangka pengetahuan seperti itu, mereka tidak boleh mempercayai isi kandungan Alkitab yang selebihnya. Mereka tidak boleh mempercayai kepada kewujudan syurga dan neraka kerana mereka tidak pernah melihatnya, dan juga kepada mengakui kewujudan Anak Tuhan yang dilahirkan oleh manusia, yang telah mati, dihidupkan semula, dan menaik ke syurga.

Walau bagaimanapun, kita mendapati bahawa dengan kemajuan sains, kesilapan teori evolusi terdedah manakala kesahihan penciptaan terus bertambah kukuh. Walaupun kita tidak mengemukakan senarai bukti-bukti, terdapat pelbagai contoh yang dapat menyokong teori penciptaan.

Bukti-bukti yang dengannya Kita Boleh Mempercayai kepada Tuhan Maha Pencipta

Berikut adalah salah satu contoh. Terdapat lebih daripada dua ratus buah negara dan kumpulan etnik yang lebih berbeza. Namun, walaupun warna kulit mereka putih, hitam, atau kuning, mereka semua memiliki dua biji mata. Setiap di antara mereka memiliki sepasang telinga, satu hidung, dan sepasang lubang hidung. Corak ini bukan hanya terhad kepada manusia tetapi juga benar untuk haiwan-haiwan di daratan, burung-burung di langit, dan ikan di lautan. Hanya kerana belalai seekor gajah adalah besar dan panjang secara relatif, tidak bermakna ianya memiliki lebih daripada sepasang lubang hidung. Semua manusia, haiwan, burung, dan ikan mempunyai satu mulut, dan kedudukan di mana terletaknya mulut itu adalah sama untuk semua. Terdapat perbezaan yang sedikit berbeza berkenaan dengan kedudukan setiap organ di antara spesies yang berbeza, tetapi sebahagian besar struktur dan kedudukan tidak ada perbezaan.

Bagaimana semua ini boleh terjadi secara "tidak sengaja"? Ini adalah bukti kukuh bahawa seorang Pencipta telah mereka dan membentukkan berbilang orang, haiwan, burung, dan ikan. Jikalau terdapat lebih daripada satu pencipta, penampilan dan struktur benda hidup akan menjadi berbeza-beza mengikuti bilangan dan citarasa pencipta. Walau bagaimanapun, kerana Tuhan kita adalah satu-satunya Pencipta, semua benda hidup telah terbentuk berdasarkan reka bentuk yang sama.

Tambahan pula, kita boleh mencari banyak lagi bukti-bukti di dalam alam semula jadi dan alam semesta, semuanya yang membawa kita percaya bahawa segala-galanya telah diwujudkan oleh Tuhan. Sebagaimana Roma 1:20 memberitahu kita, "Semenjak Tuhan menciptakan dunia, sifat-sifat Tuhan yang tidak kelihatan, iaitu keadaan-Nya sebagai Tuhan dan kuasa-Nya yang abadi, sudah dapat difahami oleh manusia melalui semua yang telah diciptakan. Jadi manusia sama sekali tidak punya alasan untuk menafikannya," Tuhan mereka dan menciptakan segala sesuatu supaya kebenaran kewujudanNya tidak boleh dinafikan atau disangkal.

Dalam Habakuk 2:18-19, Tuhan berfirman kepada kita, "Apa gunanya patung berhala? Itu hanya buatan manusia saja. Yang kau dapat daripadanya hanya dusta belaka. Sia-sia lah kepercayaan pembuat berhala kepada buatan tangannya, yang tak bisa berkata-kata itu. Celaka lah orang yang berkata kepada sepotong kayu: "Terjagalah!" dan kepada sebuah batu bisu: "Bangunlah!" Masakan dia itu mengajar? Memang ia bersalutkan emas dan perak, tetapi roh tidak ada sama sekali di dalamnya." Jika ada di antara anda yang telah menyembah atau percaya kepada berhala tanpa mengenali Tuhan, anda benar-benar perlu bertaubat daripada dosa-dosa anda dengan memilukan hati anda.

Bukti-bukti Alkitab yang dengannya Kita Boleh Percaya Tanpa Ragu kepada Tuhan Maha Pencipta

Masih terdapat ramai orang yang tidak percaya kepada Tuhan walaupun terdapat sejumlah besar bukti-buktiNya di sekeliling mereka. Itulah sebabnya, dengan manifestasi kuasa Dia, Tuhan telah menunjukkan kita lebih banyak bukti-bukti sahih yang jelas menunjukkan kewujudan Dia. Dengan keajaiban yang tidak boleh dilakukan oleh manusia, Tuhan telah membolehkan manusia mempercayai kewujudan serta kerja-kerja menakjubkan Dia.

Dalam Alkitab, terdapat banyak contoh-contoh yang menarik di mana kuasa Tuhan telah ditunjukkan. Laut Merah telah terbelah, matahari tidak bergerak atau bergerak dalam arah bertentangan, dan api diturunkan dari langit. Air pahit di hutan belantara berubah menjadi air manis, yang boleh diminum manakala air timbul daripada sebuah batu. Orang mati dihidupkan kembali, penyakit disembuhkan, dan peperangan yang seolah-olah akan kalah dimenangi.

Apabila manusia mempercayai kepada Tuhan yang Maha Kuasa dan meminta kepadaNya, mereka boleh mengalami kerja-kerja kuasaNya yang tidak dapat dibayangkan. Kerana itulah Tuhan merekodkan di dalam Alkitab banyak keadaan di mana kuasa Dia ditunjukkan dan merahmati kita untuk mempercayainya.

Namun, kerja-kerja kuasa-Nya tidak wujud di dalam Alkitab sahaja. Oleh kerana Tuhan tidak berubah-ubah, melalui berbilang tanda-tanda, keajaiban, dan kerja kuasa Dia, Dia menunjukkan kuasaNya melalui orang-orang beriman yang sebenar di seluruh dunia hari ini; Dia telah berjanji kepada kita sedemikian. Dalam Markus 9:23, Yesus meyakinkan kita, "Jika Engkau dapat?' Tidak ada yang mustahil bagi orang yang percaya." Dalam Markus 16:17-18, Yesus mengingatkan kita, "Tanda-tanda ini akan menyertai orang-orang yang percaya: mereka akan mengusir setan-setan demi nama-Ku, mereka akan berbicara dalam bahasa-bahasa yang baru bagi mereka; kalau mereka memegang ular atau minum racun, mereka tidak akan mendapat celaka. Kalau mereka meletakkan tangan ke atas

*"Betapa bersyukurnya
saya apabila Engkau menyelamatkan nyawa saya...
Saya fikir saya akan bergantung kepada topang
seluruh hidup saya...*

*Kini saya dapat berjalan...
Bapa, Bapa, terima kasih!"*

Paderi Johanna Park
yang kurang upaya kekal,
melemparkan dan berjalan
selepas menerima doa

orang-orang yang sakit, orang-orang itu akan sembuh."

Kuasa Tuhan Dimanifestasikan di Gereja Besar Manmin

Gereja di mana saya bertugas sebagai paderi kanan, Gereja Besar Manmin, sering kali menyaksikan kerja kuasa Tuhan Maha Pencipta kerana kami telah berusaha untuk menyebarkan Injil ke seluruh dunia. Sejak diasaskan pada tahun 1982 sehingga ke hari ini, Manmin telah membawa ramai orang ke arah penyelamatan dengan kuasa Tuhan Maha Pencipta. Kerja-kerja kuasaNya yang paling ketara adalah penyembuhan penyakit dan keuzuran. Ramai orang yang menghidap penyakit-penyakit yang "tidak dapat disembuhkan" termasuk barah, batuk kering, lumpuh, serebral palsi, hernia, artritis, leukemia, dan lain-lain telah disembuhkan. Iblis dihalau, yang tempang berdiri dan mula berjalan dan berlari, dan mereka lumpuh akibat pelbagai kemalangan juga sembuh. Di samping itu, dengan serta-merta selepas menerima doa, orang-orang yang telah mengalami kebakaran yang teruk telah sembuh tanpa sebarang parut mengerikan tinggal. Orang lain yang badan mereka telah menjadi kaku dan telah hilang kesedaran akibat pendarahan otak atau keracunan gas telah dipulihkan dan mereka sembuh

"Saya mahu berada di sisiMu,
Bapa, tetapi apa yang akan berlaku kepada
saya kasihi
apabila saya tiada?
Yesus, jika Engkau berikan saya hidup,
saya akan dedikasikan kepadaMu..."

Pegawai Moonki Kim,
yang pengsan secara tiba-tiba
akibat apopleksi serebral,
sedar dan bangun
selepas didoakan oleh Dr. Jaerock Lee

serta merta. Ada juga mereka yang telah berhenti bernafas kembali hidup setelah menerima doa. Ramai lagi, yang tidak mempunyai cahaya mata selepas lima, tujuh, sepuluh, mahupun dua puluh tahun berkahwin, dirahmati dan mengandung setelah menerima doa. Ramai individu yang tidak dapat mendengar, melihat, dan bercakap memuliakan Tuhan selepas kebolehan-kebolehan mereka itu dipulihkan melalui doa. Walaupun sains dan perubatan telah pesat maju tahun demi tahun, abad demi abad, saraf-saraf yang telah mati masih tidak boleh dihidupkan dan buta mahupun pekak tidak boleh disembuhkan. Walau bagaimanapun, Tuhan Maha Kuasa mampu melakukan apa sahaja, sebagaimana Dia menciptakan sesuatu daripada kekosongan.

Saya sendiri telah mengalami kuasa Tuhan yang Maha Kuasa. Saya berada di ambang kematian selama tujuh tahun sebelum saya mula mempercayai kepada Dia. Selain dua mata saya, seluruh anggota badan saya berpenyakit, sehinggakan saya digelar "pusat membeli belah penyakit." Dengan sia-sia saya mencuba perubatan Timur dan Barat, ubat-ubatan penyakit kusta, semua jenis herba, pundi hempedu beruang, anjing, lipan, dan juga air najis. Saya berusaha sedaya upaya selama tujuh tahun yang perit itu, tetapi tidak dapat disembuhkan juga. Apabila saya berputus asa pada musim bunga tahun 1974, saya mempunyai pengalaman luar biasa. Pada ketika itu, saya menemui Tuhan, Dia menyembuhkan saya daripada semua penyakit dan keuzuran saya. Bermula saat itu, Tuhan sentiasa melindungi saya supaya saya tidak pernah jatuh sakit. Walaupun saya rasa sedikit tidak selesa di mana-mana bahagian badan saya, setelah berdoa penuh iman saya disembuhkan serta merta.

Selain daripada saya dan keluarga saya, saya tahu ramai ahli Manmin yang percaya dengan ikhlas kepada Tuhan Yang Maha Kuasa dan dengan itu, mereka sentiasa sihat dari segi fizikal dan tidak bergantung kepada ubat-ubatan. Sebagai berterima kasih ke atas rahmat Tuhan Maha Penyembuh, ramai orang yang telah sembuh sedang setia berkhidmat kepada gereja sebagai paderi-paderi Tuhan, pemimpin kanan, dan pekerja am.

Kuasa Tuhan tidak terhad kepada menyembuhkan penyakit dan kelemahan. Sejak penubuhan gereja ini pada tahun 1982, ramai ahli Manmin telah menyaksikan banyak contoh di mana doa dengan kepercayaan kepada kuasa Tuhan mengawal cuaca iaitu menghentikan hujan, melindungi ahli gereja Manmin dengan awan pada hari panas terik, dan menyebabkan taufan reda atau mengubah arah. Contohnya, setiap bulan Julai dan Ogos, kami akan mengadakan percutian musim panas gereja. Walaupun seluruh Korea Selatan mengalami kerosakan akibat taufan dan banjir, lokasi dan bahagian negara di mana percutian diadakan selalunya terselamat daripada hujan lebat dan bencana alam yang lain. Beberapa orang ahli Manmin juga sering melihat pelangi, walaupun hari tidak hujan.

Ada lagi aspek lebih menakjubkan tentang kuasa Tuhan. Kerja kuasa Tuhan diperlihatkan walaupun saya tidak berdoa secara terus untuk orang sakit. Ramai orang telah mengagungkan Tuhan selepas menerima penyembuhan dan rahmat melalui "Doa untuk Orang Sakit" untuk semua jemaah yang dilakukan dari mimbar, dan "Doa" yang dirakamkan dalam pita kaset, siaran Internet, dan mesej telefon automatik.

Dalam Kisah Para Rasul 19:11-12 kita dapat,"Oleh Paulus Tuhan mengadakan mukjizat-mukjizat yang luar biasa, bahkan orang membawa sapu tangan atau kain yang pernah dipakai oleh Paulus dan meletakkannya atas orang-orang sakit, maka lenyaplah penyakit mereka dan keluarlah roh-roh jahat." Sama juga, melalui sapu tangan yang saya doakan, kerja kuasa Tuhan yang menakjubkan diperlihatkan.

Selain itu, apabila saya meletakkan tangan dan berdoa pada foto orang sakit, penyembuhan yang menjangkaui masa dan ruang berlaku di seluruh dunia. Inilah sebabnya, apabila saya menjalankan perhimpunan di luar negara, smeua jenis penyakit dan kelemahan, termasuklah penyakit berbahaya AIDS, disembuhkan dengan serta-merta dengan kuasa Tuhan yang menjangkaui masa dan ruang.

Untuk Mengalami Kuasa Tuhan

Adakah ini bermakna sesiapa sahaja yang percaya kepada Tuhan dapat mengalami kerja berkuasaNya dan menerima jawapan dan rahmat? Ramai orang mengakui keimanan mereka kepada Tuhan, tetapi bukan semua mengalami kuasa ini. Anda dapat mengalami kuasa ini hanya apabila keimanan anda kepada Tuhan diperlihatkan dalam amalan dan Tuhan mengakui, "Aku tahu engkau percaya kepadaKu."

Tuhan akan mempertimbangkan hakikat bahawa seseorang mendengar dakwah orang lain dan menghadiri jemaah doa sebagai "keimanan". Namun, untuk mendapatkan keimanan sebenar dengan mana anda dapat menerima penyembuhan dan jawapan, anda mesti mendengar dan mengenali siapa Tuhan, mengapa Yesus adalah Penyelamat kita, dan kewujudan syurga dan neraka. Apabila anda memahami faktor ini, bertaubat daripada dosa, menerima Yesus sebagai Penyelamat, dan menerima Roh Kudus, anda akan mendapat hak sebagai anak Tuhan. Ini adalah langkah pertama ke arah keimanan sebenar.

Manusia yang mempunyai keimanan sebenar akan menunjukkan amalan yang membuktikan keimanan ini. Tuhan melihat amalan keimanan dan menjawab keinginan dalam hati mereka. Orang yang mengalami kerja berkuasa Tuhan menunjukkan bukti keimanan kepadaNya dan diakui oleh Tuhan.

Menyenangkan Hati Tuhan dengan Amalan Keimanan

Di sini disertakan beberapa contoh daripada Alkitab. Pertama, 2 Raja-Raja 5 menceritakan kisah Naaman, komander tentera raja Aram. Naaman mengalami kerja kuasa Tuhan selepas menunjukkan amalan keimanannya dengan mematuhi Nabi Elisha, yang mana Tuhan bercakap melaluinya.

Naaman adalah seorang jeneral agung dalam kerajaan Aram. Semasa dia menghidap kusta, Naaman pergi berjumpa Elisha, yang dikatakan boleh melakukan keajaiban. Namun, apabila seorang jeneral terkenal dan berpengaruh seperti Naaman tiba di rumah Elisha dengan membawa banyak emas, perak dan pakaian, nabi ini menghantar orang suruhan dan memberitahu Naaman, "Pergilah mandi tujuh kali dalam sungai Yordan" (ayat 10).

Pada mulanya, Naaman marah kerana dia tidak mendapat sambutan yang baik daripada nabi ini. Tambahan lagi, Elisha tidak berdoa untuknya, malah menyuruhnya mandi di Sungai Yordan. Namun, Naaman kemudiannya mengubah fikiran dan patuh. Walaupun kata-kata Elisha tidak disukainya dan tidak selari dengan pemikirannya, Naaman bertekad untuk sekurang-kurangnya mencuba untuk patuh kepada nabi Tuhan.

Selepas Naaman mencuci badannya enam kali di Sungai Yordan, dia tidak melihat apa-apa perubahan pada kusta di badannya. Namun, Naaman mencuci badannya di Sungai Yordan buat kali ketujuh, tubuhnya kembali pulih dan kulitnya bersih seperti anak muda (ayat 14).

Secara rohani, "air" melambangkan firman Tuhan. Naaman telah mencuci dirinya dalam Sungai Yordan bermakna dengan FirmanNya, Naaman telah dibersihkan daripada dosa. Selain itu, nombor "tujuh" melambangkan kesempurnaan; Naaman telah mencuci dirinya di Sungai ini sebanyak "tujuh kali" dan ini bermakna jeneral ini telah mendapat keampunan sepenuhnya.

Dengan cara yang sama, jika kita ingin mendapat jawapan daripada Tuhan, kita pertama sekali mesti bertaubat dengan sepenuhnya daripada semua dosa, seperti yang dilakukan oleh Naaman. Namun, taubat tidak berakhir dengan hanya berkata, "Saya bertaubat. Saya telah melakukan kesilapan." Anda perlu "merendahkan hati" (Yoel 2:13). Selain itu, apabila anda telah bertaubat dengan sepenuhnya daripada dosa, anda mesti bertekad untuk tidak lagi melakukan dosa yang sama. Hanya apabila tembok dosa antara diri anda dengan Tuhan telah dimusnahkan, kegembiraan akan muncul, masalah anda akan diselesaikan, dan anda akan menerima jawapan kepada semua keinginan dalam hati anda.

Kedua, dalam 1 Raja-raja 3, kita dapati Raja Sulaiman memberikan 1,000 persembahan bakar kepada Tuhan. Melalui persembahan ini, Sulaiman menunjukkan amalan keimanannya untuk menerima jawapan Tuhan, dan hasilnya menerima daripada Tuhan bukan sahaja apa yang diminta, malah apa yang dia tidak minta.

Bagi Sulaiman untuk memberikan 1,000 persembahan bakar, ia memerlukan usaha dan dedikasi yang tinggi. Bagi setiap persembahan, raja ini perlu menangkap haiwan dan menyediakannya. Bolehkah anda bayangkan berapa banyak masa, usaha dan wang yang dihabiskan untuk memberikan persembahan begini sebanyak 1,000 kali? Jenis pengabdian yang ditunjukkan oleh Sulaiman adalah mustahil jika raja tidak mempercayai Tuhan yang hidup.

Melihatkan dedikasi Sulaiman, Tuhan memberikannya bukan sahaja kebijaksanaan, yang dicari oleh raja, malah kekayaan dan kemuliaan - supaya tiada raja yang dapat menandinginya semasa dia hidup.

Akhir sekali, dalam Matius 15 ada kisah seorang wanita dari Syria Fenisia, yang mana anak perempuannya dirasuk syaitan.

Dia bertemu Yesus dengan hati yang merendah dan tidak berubah, meminta Yesus untuk penyembuhan, dan menerima keinginan hatinya. Namun, walaupun dia merayu, pada mulanya Yesus tidak berkata, "Baiklah, anak perempuanmu telah sembuh." Sebaliknya, Dia berkata kepada wanita ini, "Tidak patut mengambil roti yang disediakan bagi anak-anak dan melemparkannya kepada anjing" (ayat 26). Dia membandingkan wanita ini dengan anjing. Jika wanita ini tidak mempunyai keimanan, dia mungkin akan berasa amat malu atau amat marah. Namun, dia mempunyai keimanan yang meyakinkannya dengan jawapan Yesus, dan tidak berasa kecewa atau sedih. Sebaliknya, dia merayu dengan lebih merendah diri. "Benar Tuhan," wanita ini memberitahu Yesus, "namun anjing itu makan remah-remah yang jatuh dari meja tuannya." Dengan ini, Yesus amat gembira dengan keimanannya dan dengan serta-merta menyembuhkan anaknya yang dirasuk syaitan.

Sama juga, jika kita mahu menerima penyembuhan dan jawapan, kita mesti menunjukkan keimanan sehingga ke akhirnya. Selain itu, jika anda memiliki keimanan dengan mana anda menerima jawapanNya, anda mesti mempersembahkan diri secara fizikal kepada Tuhan.

Tentulah, disebabkan kuasa Tuhan diperlihatkan dengan hebat di Gereja Besar Manmin, mudah untuk seseorang menerima penyembuhan melalui sapu tangan yang telah saya doakan atau dengan gambar. Namun, melainkan seseorang itu sakit atau berada dalam keadaan kritikal, atau berada di luar negara, dia sendiri mesti berhadapan dengan Tuhan. Kita dapat mengalami kuasa Tuhan hanya selepas mendengar firmanNya dan memiliki keimanan. Selain itu, jika seseorang cacat mental atau dirasuk syaitan dan tidak dapat berhadapan dengan Tuhan dengan keimanan sendiri, lalu seperti wanita dari Syria Fenisia, ibu bapa atau ahli keluarganya mesti berhadapan dengan Tuhan bagi pihaknya, dengan kasih sayang dan keimanan.

Selain itu, ada banyak lagi bukti keimanan. Contohnya, pada wajah orang yang memiliki keimanan dengan mana dia dapat menerima jawapan, kegembiraan dan kesyukuran selalu kelihatan. Dalam Markus 11:24, Yesus memberitahu kita, "Kerana itu Aku berkata kepadamu: apa saja yang kamu minta dan doakan, percayalah bahwa kamu telah menerimanya, maka hal itu akan diberikan kepadamu." Jika anda mempunyai keimanan sebenar, anda hanya akan berasakan kegembiraan dan kesyukuran setiap masa. Selain itu, jika anda mengakui percaya kepada Tuhan, anda mesti patuh dan hidup berpandukan FirmanNya. Memandangkan Tuhan adalah cahaya, anda akan berusaha untuk berjalan dalam cahaya dan berubah.

Tuhan senang hati dengan amalan keimanan kita dan

menjawab segala keinginan hati kita. Adakah anda memiliki jenis dan ukuran keimanan yang diakui Tuhan?

Dalam Ibrani 11:6 kita diingatkan, "Tetapi tanpa iman tidak mungkin orang berkenan kepada Tuhan. Sebab barang siapa berpaling kepada Tuhan, ia harus percaya bahawa Tuhan ada, dan bahawa Tuhan memberi upah kepada orang yang sungguh-sungguh mencari Dia."

Dengan betul-betul memahami apa yang [perlu dipercayai pada Tuhan dan menunjukkan keimanan anda, semoga setiap daripada anda menyenangkan hatiNya, mengalami kuasaNya, dan menjalani kehidupan yang dirahmati, dengan nama Yesus Kristus saya berdoa!

Pesanan 2
Percaya Kepada Yesus

Ibrani 12:1-2

*Kerana kita mempunyai
banyak saksi, bagaikan awan yang mengelilingi kita,
marilah kita menanggalkan semua beban dan dosa
yang begitu merintangi kita,
dan berlumba dengan tekun dalam perlumbaan
yang diwajibkan bagi kita,
marilah kita melakukannya dengan mata yang tertuju
kepada Yesus,
yang memimpin kita dalam iman, dan yang membawa
iman kita itu kepada kesempurnaan,
yang dengan mengabaikan kehinaan tekun memikul salib
ganti sukacita yang disediakan bagi Dia,
yang sekarang duduk
di sebelah kanan takhta Tuhan*

Ramai orang hari ini pernah mendengar nama "Yesus Kristus." Namun, ramai orang, yang tidak tahu mengapa Yesus merupakan satu-satunya Penyelamat bagi manusia atau mengapa mereka menerima penyelamatan hanya apabila mereka percaya kepada Yesus Kristus. Lebih teruk lagi, ada sesetengah orang Kristian yang tidak mampu menjawab persoalan di atas, walaupun ia berkait terus dengan penyelamatan. Ini bermakna, orang Kristian begini menjalani hidup mereka dalam Kristus tanpa benar-benar memahami kepentingan rohani persoalan ini.

Oleh itu, hanya apabila kita benar-benar tahu dan memahami mengapa Yesus merupakan satu-satunya Penyelamat kita, dan apa maknanya menerima dan percaya kepadaNya, dan memiliki keimanan sebenar, barulah kita dapat mengalami kuasa Tuhan.

Sesetengah orang menganggap Yesus sebagai salah seorang daripada empat santo hebat. Ada juga yang menganggapNya sebagai pengasas agama Kristian, atau lelaki hebat yang banyak berbakti semasa hayatNya.

Namun, bagi kita yang telah menjadi anak Tuhan, kita mesti dapat mengakui bahawa Yesus adalah Penyelamat manusia yang menebus kita daripada dosa. Bagaimanakah kita dapat membandingkan Anak Tuhan, Yesus Kristus, dengan manusia biasa? Walaupun semasa zaman Yesus, kita dapati ada banyak perspektif berbeza berkenaan pandangan orang lain terhadapNya.

Anak Tuhan Pencipta, Penyelamat

Dalam Matius 16 ada kisah di mana Yesus bertanya kepada para hawariNya, "Kata orang, siapakah Anak Manusia itu?" (ayat 13) Dengan memetik kata-kata pelbagai orang, para hawari menjawab, "Ada yang mengatakan: Yohanes Pembaptis, ada juga yang mengatakan: Elia dan ada pula yang mengatakan: Yeremia atau salah seorang dari para nabi" (ayat 14). Kemudian Yesus bertanya kepada para hawari, "Tetapi apa katamu, siapakah Aku ini?" (ayat 15) Kemudian Petrus menjawab, "Engkau adalah Mesias, Anak Tuhan yang hidup" (ayat 16), Yesus memerintahkan kepadanya, "Berbahagialah engkau Simon bin Yunus sebab bukan manusia yang menyatakan itu kepadamu, melainkan BapaKu yang di syurga" (ayat 17). Melalui banyak kerja berkuasa Tuhan yang diperlihatkan melalui Yesus, Petrus yakin bahawa Dia adalah Anak Tuhan Pencipta dan Kristus, Penyelamat manusia.

Pada mulanya, Tuhan menciptakan manusia daripada habuk imejNya, dan memimpinnya ke Taman Syurgawi. Di dalam Taman terdapat pokok kehidupan dan pokok pengetahuan tentang kebaikan dan kejahatan, dan Tuhan memerintahkan manusia pertama Adam, "Semua pohon dalam taman ini boleh kau makan buahnya dengan bebas; tetapi pohon pengetahuan tentang yang baik dan yang jahat itu, janganlah kau makan buahnya, sebab pada hari engkau memakannya, pastilah engkau mati" (Kejadian 2:16-17).

Selepas beberapa lama, manusia pertama Adam dan Hawa digoda oleh ular, yang diapi-apikan oleh Syaitan, dan melanggar perintah Tuhan. Akhirnya, mereka makan daripada pokok pengetahuan tentang kebaikan dan kejahatan dan dihalau keluar daripada Taman Syurgawi. Sebagai akibat perbuatan mereka, anak cucu Adam dan Hawa mewarisi sifat alami dosa mereka. Selain itu, seperti yang Tuhan telah menyatakan bahawa Adam akan mati, smeua roh anak cucunya juga dipimpin ke kematian abadi.

Oleh itu, sejak permulaan masa, Tuhan telah menyediakan jalan penyelamatan iaitu Anak Tuhan Pencipta, Yesus Kristus. Seperti yang dinyatakan dalam Kisah Para Rasul 4:12, "Dan keselamatan tidak ada di dalam siapa pun juga selain di dalam Dia, sebab di bawah kolong langit ini tidak ada nama lain yang diberikan kepada manusia yang olehnya kita dapat diselamatkan," kecuali Yesus Kristus, tiada sesiapa dalam sejarah layak untuk menjadi Penyelamat manusia.

Takdir Tuhan
yang Telah Disembunyikan Sebelum Masa Bermula

1 Korintus 2:6-7 menyatakan, "Sungguhpun demikian kami memberitakan hikmat di kalangan mereka yang telah matang, iaitu hikmat yang bukan dari dunia ini, dan yang bukan dari penguasa-penguasa dunia ini, iaitu penguasa-penguasa yang akan ditiadakan; tetapi yang kami beritakan ialah hikmat Tuhan yang tersembunyi dan rahasia, yang sebelum dunia dijadikan, telah disediakan Tuhan bagi kemuliaan kita." 1 Korintus 2:8-9 terus mengingatkan kita, "Tidak ada dari penguasa dunia ini yang mengenalnya, sebab kalau sekiranya mereka mengenalnya, mereka tidak menyalibkan Tuhan yang mulia; tetapi seperti ada tertulis: "Apa yang tidak pernah dilihat oleh mata, dan tidak pernah didengar oleh telinga, dan yang tidak pernah timbul di dalam hati manusia: semua yang disediakan Tuhan untuk mereka yang mengasihi Dia.'" Kita mesti sedar bahawa jalan penyelamatan yang disediakan oleh Tuhan untuk manusia sebelum permulaan masa adalah jalan salib oleh Yesus Kristus, dan ini adalah kebijaksanaan Tuhan yang telah disembunyikan.

Sebagai Pencipta, Tuhan memerintahkan segala-galanya dalam alam semesta dan mentadbir sejarah manusia. Raja atau presiden negara memerintah negaranya bergantung kepada undang-undang di sana; ketua pegawai eksekutif sebuah syarikat menerajui syarikatnya menurut panduan syarikat; dan ketua rumah menyelia keluarganya menurut peraturan keluarga. Sama juga, walaupun Tuhan adalah pemilik segala-galanya di alam semesta, Dia selalu mentadbir segala-galanya menurut hukum dunia rohani seperti yang dinyatakan dalam Alkitab.

Menurut hukum dunia rohani, ada satu peraturan, "Upah dosa ialah maut" (Roma 6:23), yang menghukum orang yang bersalah, dan ada juga hukum yang menebus kita daripada dosa. Itu sebabnya Tuhan mengaplikasikan hukum untuk menebus kita daripada dosa untuk mengembalikan kekuasaan yang telah hilang, dirampas oleh iblis dan Syaitan disebabkan keingkaran Adam.

Apakah peraturan di mana manusia dapat ditebus dan mengembalikan kekuasaan manusia pertama Adam, yang telah dirampas oleh musuh iblis? Menurut "hukum penebusan tanah," Tuhan menyediakan jalan penyelamatan untuk manusia sebelum masa bermula.

Yesus Kristus layak menurut Hukum Penebusan Tanah

Tuhan memberikan orang Israel "hukum penebusan tanah," yang menyatakan hal berikut: tanah tidak boleh dijual secara kekal; dan jika seseorang menjadi miskin dan menjual tanahnya, saudara terdekat atau dia sendiri boleh menebus semula tanah, dan mengembalikan hak milik tanah ini (Imamat 25:23-28).

Tuhan telah sedia maklum bahawa Adam akan menyerahkan kekuasaan yang diterimanya daripada Tuhan kepada iblis dengan keingkaran. Selain itu sebagai Pemilik asal dan sebenar segala-galanya di alam semesta, Tuhan menyerahkan kekuasaan dan keagungan yang telah dimiliki Adam kepada iblis, seperti yang dinyatakan oleh hukum dunia rohani. Itu sebabnya semasa iblis menggoda Yesus dalam Lukas 4 dengan menunjukkan kepadaNya semua kerajaan di dunia, dia berkata kepada Yesus, "Segala kuasa itu serta kemuliaannya akan kuberikan kepadaMu, sebab semuanya itu telah diserahkan kepadaku dan aku memberikannya kepada siapa saja yang kukehendaki" (Lukas 4:6-7).

Menurut hukum penebusan tanah, semua tanah adalah milik Tuhan. Oleh itu, manusia tidak boleh menjualnya secara kekal dan apabila individu yang mempunyai kelayakan yang betul muncul, tanah yang dijual mesti dikembalikan kepadanya. Sama juga, semua perkara dalam alam semesta adalah milik Tuhan, jadi Adam tidak boleh "menjualnya" secara kekal, dan iblis juga tidak boleh memilikinya secara kekal. Oleh itu, apabila seorang individu yang mampu menebus kekuasaan Adam muncul, iblis tidak mempunyai pilihan selain menyerahkan kembali kekuasaan yang dia telah terima daripada Adam.

Sebelum permulaan masa, Tuhan yang Maha Adil menyediakan seorang lelaki yang tidak bersalah untuk layak, menurut hukum penebusan tanah, dan jalan penyelamatan bagi manusia, iaitu Yesus Kristus.

Jadi, bagaimanakah menurut hukum penebusan tanah, dapat Yesus Kristus mengembalikan kekuasaan yang telah diserahkan kepada iblis? Hanya apabila Yesus memenuhi empat kelayakan, barulah dapat Dia menebus semua manusia daripada dosa dan mengembalikan kekuasaan yang telah diserahkan kepada iblis.

Pertama, penebus mestilah lelaki, "saudara terdekat" Adam.

Imamat 25:25 menyatakan, "Apabila saudaramu jatuh miskin, sehingga harus menjual sebahagian dari miliknya, maka seorang kaumnya yang berhak menebus, yakni kaumnya yang terdekat harus datang dan menebus yang telah dijual saudaranya itu." Memandangkan "saudara terdekat" boleh menebus tanah, untuk mengembalikan kekuasaan yang telah diserahkan oleh Adam, "saudara terdekat" ini juga mestilah lelaki. 1 Korintus 15:21-22 berbunyi, "Sebab kematian masuk ke dalam dunia dengan perantaraan satu orang, begitu juga hidup kembali dari kematian diberikan kepada manusia dengan perantaraan satu orang pula. Sebagaimana seluruh manusia mati karena tergolong satu dengan Adam, begitu juga semua akan dihidupkan, karena tergolong satu dengan Kristus." Dalam kata lain, memandangkan maut masuk melalui keingkaran seorang lelaki, kebangkitan roh yang mati juga mesti dicapai melalui seorang lelaki.

Yesus Kristus adalah "Firman yang telah menjadi manusia" dan datang ke dunia (Yohanes 1:14). Dia adalah Anak Tuhan, yang dilahirkan sebagai darah daging dan mempunyai sifat suci dan kemanusiaan. Selain itu, kelahirannya adalah satu fakta sejarah dan ada banyak bukti yang mengakui hal ini. Paling utama, sejarah manusia ditandakan menggunakan "B.C." atau "Sebelum Kristus," dan "A.D." atau "Anno Domini" dalam bahasa Latin, yang bermakna "dalam tahun Yesus kita."

Memandangkan Yesus Kristus masuk ke dunia dalam bentuk darah daging, Dia adalah "saudara terdekat" Adam dan memenuhi kelayakan pertama.

Kedua, penebus mestilah bukan daripada keturunan Adam.

Bagi individu yang mampu menebus dosa orang lain, dia mestilah suci daripada dosa. Semua keturunan Adam, yang dia sendiri berdosa kerana ingkar, adalah pendosa. Oleh itu, menurut hukum penebusan tanah, penebus mestilah bukan daripada keturunan Adam.

Dalam Wahyu 5:1-3 ada disebutkan:

Kemudian saya melihat sebuah gulungan buku di tangan Dia yang duduk di takhta itu. Buku itu penuh dengan tulisan pada sebelah-menyebelahnya dan dimeteraikan dengan tujuh buah segel. Lalu saya melihat seorang malaikat yang perkasa berseru-seru dengan suara yang besar, "Siapa layak memecahkan segel-segel ini dan membuka buku ini?" Tetapi baik di syurga, mahupun di bumi, atau di bawah bumi sekalipun tidak terdapat seorang juga yang sanggup membuka buku itu, dan melihat ke dalamnya.

Di sini, buku yang "mempunyai tujuh segel" merujuk kepada kontrak antara Tuhan dan iblis selepas Adam ingkar, dan orang yang "layak untuk membuka buku dan memecahkan segel" mestilah layak menurut hukum penebusan tanah. Apabila hawari Yohanes mencari orang yang mampu membuka buku dan memecahkan segel, dia tidak menjumpai sesiapa.

Yohanes mencari di syurga dan di sana hanya ada malaikat dan tiada manusia. Dia mencari di dunia dan hanya melihat keturunan Adam, semuanya pendosa. Dia melihat di bawah bumi dan hanya melihat pendosa yang ditakdirkan ke neraka, dan makhluk yang termasuk dalam golongan iblis. Yohanes menangis kerana tiada sesiapa yang layak menurut hukum penebusan tanah (ayat 4).

Kemudian, salah seorang orang tua menenangkan Yohanes dan memberitahunya, "Jangan engkau menangis! Sesungguhnya, singa dari suku Yehuda, iaitu tunas Daud, telah menang, sehingga Ia dapat membuka gulungan kitab itu dan membuka ketujuh meterainya" (ayat 5). Di sini, "singa dari suku Yehuda, iaitu tunas Daud" merujuk kepada Yesus, yang daripada suku Yehuda dan tunas Daud; Yesus Kristus layak untuk menjadi penebus menurut hukum penebusan tanah.

Daripada Matius 1:18-21, kita dapat baca dengan terperinci tentang kelahiran Yesus kita:

Beginilah kisah tentang kelahiran Yesus Kristus. IbuNya iaitu Mariam, bertunangan dengan Yusuf. Tetapi sebelum mereka menikah, ternyata Mariam sudah mengandung. Yusuf tidak tahu bahawa Mariam mengandung kerana kuasa Roh Kudus. Yusuf, tunangannya itu, adalah seorang yang selalu mentaati hukum agama. Jadi dia mahu memutuskan pertunangannya, tetapi dengan diam-diam, supaya Mariam tidak mendapat malu di khalayak umum. Sementara Yusuf menimbang hal itu, dia bermimpi. Dalam mimpinya itu, dia melihat seorang malaikat

Tuhan yang berkata kepadanya, "Yusuf, keturunan Daud, jangan takut menikah dengan Mariam; sebab anak yang di dalam kandungannya itu terjadi oleh kuasa Roh Kudus. Mariam akan melahirkan seorang anak laki-laki. Anak itu harus engkau beri nama Yesus, karena Ia akan menyelamatkan umatNya dari dosa mereka."

Anak Tuhan datang Yesus Kristus datang ke dunia dalam bentuk darah daging (Yohanes 1:14) melalui rahim Maryam Perawan kerana Yesus mesti menjadi manusia tetapi bukan daripada keturunan Adam, supaya Dia layak menurut hukum penebusan tanah.

Ketiga, penebus mestilah mempunyai kuasa.

Katakanlah seorang adik lelaki menjadi miskin dan menjual tanahnya, dan abangnya mahu menebus tanah untuk adiknya. Abang ini mesti mempunyai wang yang cukup untuk menebusnya (Imamat 25:26). Sama juga, jika adiknya mempunyai hutang yang banyak dan abang mahu membayar balik hutang, dia boleh berbuat demikian apabila dia mempunyai "wang yang cukup," dan bukan hanya niat baik.

Dengan cara yang sama, untuk menukarkan pendosa menjadi orang yang benar, "wang yang cukup" atau kuasa adalah perlu. Di sini, kuasa untuk menebus tanah merujuk kepada kuasa untuk menebus semua manusia daripada dosa. Dalam kata lain, penebus manusia yang layak menurut hukum penebusan tanah tidak boleh mempunyai dosa dalam dirinya.

Memandangkan Yesus Kristus bukan daripada keturunan Adam, Dia tidak mempunyai dosa asal. Yesus Kristus juga tidak mempunyai dosa yang dilakukan sendiri, kerana Dia mematuhi hukum semasa 33 tahun Dia hidup di dunia. Dia disunatkan pada hari kelapan kelahiranNya, dan sebelum tiga tahun berdakwah, Yesus benar-benar mematuhi dan mengasihi ibu bapaNya, dan mematuhi semua perintah dengan tekun.

Itu sebabnya Ibrani 7:26 menyatakan, "Sebab Imam Besar yang demikianlah yang kita perlukan: iaitu yang salih, tanpa salah, tanpa noda, yang terpisah dari orang-orang berdosa dan lebih tinggi dari pada tingkat-tingkat syurga." Dalam 1 Petrus 2:22-23, kita dapati, "Ia tidak berbuat dosa, dan tipu tidak ada dalam mulutNya; Ketika Ia dicaci maki, Ia tidak membalas dengan mencaci maki; ketika Ia menderita, Ia tidak mengancam, tetapi Ia menyerahkannya kepada Dia, yang menghakimi dengan adil."

Keempat, penebus mestilah mempunyai kasih sayang.

Untuk memenuhi penebusan tanah, sebagai tambahan

kepada tiga syarat di atas, kasih sayang diperlukan. Tanpa kasih sayang, seorang abang yang mampu menebus tanah untuk adiknya tidak akan menebus tanah. Walaupun sekiranya abangnya adalah lelaki paling kaya manakala adiknya mempunyai hutang yang banyak, tanpa kasih sayang abangnya tidak akan membantu si adik. Apakah gunanya kuasa dan kekayaan si abang untuk adiknya?

Dalam Rut 4 ada kisah tentang Boaz, yang menyedari keadaan yang dialami oleh ibu mertua Rut, Naomi. Apabila Boaz meminta "penebus yang bersaudara" untuk menebus harta pusaka Naomi, dia berkata, "Jika demikian, aku ini tidak dapat menebusnya, sebab aku akan merosakkan milik pusakaku sendiri. Aku mengharap engkau menebus apa yang seharusnya aku tebus, sebab aku tidak dapat menebusnya" (v. 6). Kemudiannya, Boaz yang mempunyai kasih sayang, menebus tanah untuk Naomi. Selepas itu, Boaz dirahmati sebagai nenek moyang Daud.

Yesus yang datang ke dunia dalam bentuk darah daging, bukanlah anak cucu Adam kerana Dia telah diilhamkan oleh Roh Kudus dan tidak melakukan dosa. Lantas, Dia mempunyai "kekayaan yang mencukupi" untuk menebus kita. Jika Yesus tidak mempunyai kasih sayang, Dia tidak akan menahan segala kesakitan akibat disalib. Namun, Yesus dipenuhi kasih sayang sehinggakan Dia disalib oleh manusia biasa, menumpahkan semua darahNya, menebus manusia, dan seterusnya membuka jalan penyelamatan. Ini adalah disebabkan kasih sayang tidak terhingga Tuhan Bapa dan pengorbanan Yesus yang patuh sehingga membawa maut.

Alasan Yesus Digantung di Atas Pokok

Mengapakah Yesus digantung di atas salib kayu? Ini adalah untuk memenuhi hukum dunia rohani, yang menyatakan bahawa "Kristus telah menebus kita dari kutuk hukum Taurat dengan jalan menjadi kutuk kerana kita, sebab ada tertulis: "Terkutuklah orang yang digantung pada kayu salib'" (Galatia 3:13). Yesus digantung di atas pokok bagi pihak kita supaya Dia dapat menebus kita yang berdosa daripada "kutukan hukum."

Imamat 17:11 menyatakan, "Kerana nyawa makhluk ada di dalam darahnya dan Aku telah memberikan darah itu kepadamu di atas mazbah untuk mengadakan pendamaian bagi nyawamu, karena darah mengadakan pendamaian dengan perantaraan nyawa." Ibrani 9:22 menyatakan, "Dan hampir segala sesuatu disucikan menurut hukum Taurat dengan darah, dan tanpa penumpahan darah tidak ada pengampunan." Darah adalah nyawa kerana "tiada pengampunan" tanpa menumpahkan darah. Yesus menumpahkan darahNya yang berharga dan tidak berdosa supaya kita mendapat kehidupan.

Selain itu, melalui penderitaanNya di atas salib, penganut dibebaskan daripada kutukan penyakit, kelemahan, kemiskinan dan sebagainya. Memandangkan Yesus hidup dalam kemiskinan semasa di dunia, Dia menebus kemiskinan kita. Memandangkan Yesus disebat, kita bebas daripada penyakit. Memandangkan Yesus memakai mahkota duri, Dia membebaskan kita daripada dosa yang kita lakukan dengan fikiran. Memandangkan Yesus dipaku tangan dan kakiNya, Dia menebus kita daripada dosa yang kita lakukan menggunakan tangan dan kaki.

Percaya kepada Yesus Bermakna Berubah kepada Kebenaran

Orang yang benar-benar faham takdir salib dan mempercayainya dengan sepenuh hati mereka akan membebaskan diri mereka daripada dosa dan hidup berdasarkan kehendak Tuhan. Seperti yang dinyatakan Yesus dalam Yohanes 14:23, "Jika seorang mengasihi Aku, ia akan menuruti firmanKu dan BapaKu akan mengasihi dia dan Kami akan datang kepadanya dan diam bersama-sama dengan dia," individu begini akan menerima kasih sayang dan rahmat Tuhan.

Jadi, mengapakah ada orang yang mengakui keimanan

mereka dalam Yesus tidak menerima jawapan kepada doa mereka dan hidup menempuhi pelbagai ujian dan penyakit? Ini adalah kerana, walaupun mereka menyatakan bahawa mereka percaya kepada Tuhan, Tuhan tidak menganggap keimanan mereka sebagai keimanan sebenar. Ini bermakna, walaupun mereka telah mendengar firman Tuhan, mereka masih belum menyingkirkan dosa dalam diri dan berubah kepada kebenaran.

Contohnya, ada ramai penganut yang gagal untuk mematuhi 10 Perintah, iaitu perkara asas dalam kehidupan dalam Kristus. Mereka tahu tentang perintah seperti "Hormati Hari Sabat, dan kekalkan kesuciannya." Namun, mereka hanya menghadiri jemaah pagi atau tidak menghadiri apa-apa jemaah langsung dan membuat kerja sendiri pada hari Yesus. Mereka tahu mereka perlu membayar zakat, namun kerana terlalu sayangkan wang mereka gagal memberikan zakat. Apabila Tuhan secara khusus telah memberitahu kita bahawa kegagalan membayar zakat adalah seperti "merompak" Tuhan, bagaimanakah mereka dapat menerima jawapan dan rahmat (Maleakhi 3:8)?

Dan ada juga penganut yang tidak memaafkan kesilapan dan kesalahan orang lain. Mereka menjadi marah dan membuat rancangan untuk membalas dendam dengan darjah kejahatan yang sama. Sesetengah orang berjanji tetapi sering memungkirinya, manakala ada yang menyalahkan orang lain dan mengeluh, sama seperti yang dilakukan oleh orang-orang duniawi. Bagaimanakah mereka dapat dianggap sebagai mempunyai keimanan sejati?

Jika kita mempunyai keimanan sejati, kita perlu berusaha untuk melakukan segala hal menurut kehendak Tuhan, mengelakkan segala jenis kejahatan, dan menyerupai Yesus yang telah menyerahkan nyawaNya sendiri untuk kita yang berdosa ini. Manusia begini mampu memaafkan dan mengasihi orang yang membenci dan mencederakan mereka, dan sentiasa berkhidmat dan mengorbankan diri mereka untuk orang lain.

Apabila anda membuang perasaan amarah, anda akan berubah menjadi jenis manusia yang mana lidahnya hanya mengucapkan kata-kata kebaikan dan kehangatan. Jika anda dahulunya suka merungut, dengan keimanan sebenar anda akan berubah menjadi orang yang suka mengucapkan kesyukuran dalam semua keadaan dan berkongsi kasih kurnia dengan orang di sekeliling anda.

Jika kita benar-benar percaya kepada Yesus, setiap seorang daripada kita mesti menyerupaiNya dan menjalani kehidupan yang berubah. Ini adalah cara untuk menerima jawapan dan rahmat Tuhan.

Warkah dalam Ibrani 12:1-2 menyatakan:

Kerana kita mempunyai banyak saksi, bagaikan awan yang

mengelilingi kita, marilah kita menanggalkan semua beban dan dosa yang begitu merintangi kita, dan berlumba dengan tekun dalam perlumbaan yang diwajibkan bagi kita. Marilah kita melakukannya dengan mata yang tertuju kepada Yesus, yang memimpin kita dalam iman, dan yang membawa iman kita itu kepada kesempurnaan, yang dengan mengabaikan kehinaan tekun memikul salib ganti suka cita yang disediakan bagi Dia, yang sekarang duduk di sebelah kanan takhta Tuhan.

Selain daripada ramai bapa keimanan yang diceritakan dalam Alkitab, ada antara kita, yang telah menerima penyelamatan dan rahmat bagi keimanan mereka terhadap Yesus.

Seperti "awan yang mengelilingi kita," marilah kita memiliki keimanan sebenar! Mari kita buang segala-gala penghalang dan dosa yang begitu mudah menjerut, dan berusaha untuk menyerupai Yesus kita! Hanya dengan ini, seperti yang dijanjikan oleh Yesus dalam Yohanes 15:7, "Jikalau kamu tinggal di dalam Aku dan firmanKu tinggal di dalam kamu, mintalah apa saja yang kamu kehendaki, dan kamu akan menerimanya," barulah setiap seorang daripada kita akan menjalani kehidupan yang dipenuhi dengan jawapan dan rahmatNya.

Jika anda masih belum menjalani kehidupan begini, telitilah

kehidupan anda, rendahkan hati dan bertaubat kerana tidak mempercayai Yesus dengan cara yang betul, dan bertekad untuk hidup hanya berpandukan firman Tuhan.

Semoga setiap seorang daripada anda memiliki keimanan sejati, mengalami kuasa Tuhan, dan mengagungkan Tuhan dengan jawapan dan rahmat, dengan nama Yesus Kristus saya berdoa!

Pesanan 3

Bekas Yang Lebih Indah daripada Permata

2 Timotius 2:20-21

Dalam rumah yang besar
bukan hanya terdapat perabot dari emas dan perak,
melainkan juga dari kayu dan tanah,
yang pertama dipakai untuk maksud yang mulia dan yang
terakhir untuk maksud yang kurang mulia.
Jika seorang menyucikan dirinya dari hal-hal yang jahat,
ia akan menjadi perabot rumah untuk maksud yang mulia,
ia dikuduskan, dipandang layak untuk dipakai tuannya,
dan disediakan untuk setiap pekerjaan yang mulia

Tuhan menciptakan manusia supaya Dia dapat menuai anak-anak yang sejati, dengan mana Dia dapat berkongsi kasih sayang sebenar. Namun, manusia melakukan dosa, tersasar daripada tujuan penciptaan mereka yang sebenar, dan menjadi hamba iblis dan Syaitan (Roma 3:23). Namun Tuhan kasih sayang tidak berputus asa dengan harapan untuk menuai anak-anak sejati. Dia membuka jalan penyelamatan untuk manusia yang berada dalam dosa. Tuhan membenarkan satu-satunya AnakNya disalib supaya Dia dapat menebus manusia daripada dosa.

Dengan kasih sayang hebat yang disertakan pengorbanan besar ini, bagi sesiapa yang percaya kepada Yesus Kristus, jalan penyelamatan telah dibuka. Bagi sesiapa yang percaya dalam hatinya bahawa Yesus telah meninggal dunia dan hidup semula serta mengakui dengan lidahnya bahawa Yesus adalah Penyelamatnya, hak sebagai anak Tuhan telah diberikan.

Anak-anak Tuhan yang Dikasihi Disamakan dengan "Bekas"

2 Timotius 2:20-21 menyatakan, "Dalam rumah yang besar bukan hanya terdapat perabot dari emas dan perak, melainkan

juga dari kayu dan tanah; yang pertama dipakai untuk maksud yang mulia dan yang terakhir untuk maksud yang kurang mulia. Jika seorang menyucikan dirinya dari hal-hal yang jahat, ia akan menjadi perabot rumah untuk maksud yang mulia, ia dikuduskan, dipandang layak untuk dipakai tuannya dan disediakan untuk setiap pekerjaan yang mulia," tujuan setiap bekas adalah untuk menyimpan objek. Tuhan menyamakan anak-anakNya dengan "bekas" kerana di dalam mereka Dia dapat menyimpan kasih sayang dan kasih kurniaNya, dan firmanNya yang merupakan kebenaran, dan kuasa serta kekuasaanNya. Oleh itu, kita mesti menyedari bahawa bergantung kepada jenis bekas yang kita sediakan, kita dapat menikmati banyak jenis hadiah dan rahmat yang Tuhan telah sediakan untuk kita.

Jadi apakah jenis bekas, iaitu individu yang dapat menyimpan semua rahmat yang Tuhan telah sediakan? Ia adalah bekas yang dianggap Tuhan sebagai berharga, mulia dan indah.

Pertama, bekas yang "berharga" adalah bekas yang memenuhi smeua tanggungjawab yang diberikan oleh Tuhan kepadanya. Yohanes Pembaptis yang menyediakan jalan bagi Yesus, dan Musa yang memimpin orang Israel keluar dari Mesir termasuk dalam kategori ini.

Seterusnya, bekas yang "mulia" adalah bekas yang mempunyai sifat-sifat seperti kejujuran, kebenaran, tekad, dan kesetiaan, yang mana semuanya amat sukar didapati dalam manusia biasa. Yusuf dan Daniel, yang kedua-duanya memegang jawapan yang setaraf dengan perdana menteri negara yang berkuasa dan mengagungkan Tuhan, termasuk dalam kategori ini.

Akhir sekali, bekas yang "indah" pada pandangan Tuhan adalah yang mempunyai hati yang baik, yang tidak pernah bergaduh atau bertengkar tetapi dalam kebenaran menerima dan bertoleransi dengan semua perkara. Ester yang menyelamatkan rakan senegaranya dan Ibrahim yang digelar "sahabat" Tuhan termasuk dalam kategori ini.

"Bekas yang lebih indah daripada permata" adalah individu yang memiliki kelayakan untuk dianggap berharga, mulia dan indah oleh Tuhan. Permata yang tersembunyi di kalangan batu akan dapat dikenali dengan mudah. Sama juga, semua hamba Tuhan yang lebih indah berbanding permata adalah amat mudah untuk dikenali.

Kebanyakan permata mahal disebabkan saiznya, tetapi sinaran dan warna yang unik menarik perhatian manusia yang sukakan keindahan. Namun, bukan semua batu yang bersinar boleh dianggap permata. Permata asli mesti juga memiliki warna dan sinaran, serta kepadatan fizikal. Di sini, "kepadatan fizikal" merujuk kepada keupayaan sesuatu bahan untuk menahan haba, tidak tercemar apabila terkena bahan lain, dan mampu mengekalkan bentuknya. Satu lagi faktor penting adalah ia mesti tidak banyak.

Jika ada bekas yang bersinar cerah, mempunyai kepadatan fizikal, dan tidak banyak, bagaimana dengan bekas yang berharga, mulia dan indah? Tuhan mahukan anak-anakNya untuk menjadi bekas yang lebih indah berbanding permata, dan mahu mereka menjalani kehidupan yang dirahmati. Apabila Tuhan menemui bekas begini, Dia akan memberikan mereka banyak tanda kasih sayang dan kesenangan hatiNya.

Bagaimanakah kita dapat menjadi bekas yang lebih indah daripada permata pada pandangan Tuhan?

Pertama, anda mesti mencapai penyucian hati dengan firman Tuhan, yang merupakan kebenaran itu sendiri.

Untuk menjadikan sesuatu bekas digunakan untuk tujuan asalnya, yang paling penting adalah ia mesti bersih. Bekas emas yang mahal sekalipun tidak boleh digunakan jika ia kotor dan berbau. Hanya apabila bekas emas yang mahal ini dibersihkan dengan air, barulah ia dapat digunakan menurut tujuannya.

Peraturan yang sama juga digunakan untuk anak-anak Tuhan. Bagi anak-anak Tuhan, Dia telah menyediakan rahmat yang tidak terhingga dan pelbagai hadiah, rahmat kekayaan dan kesihatan, dan sebagainya. Untuk kita menerima rahmat dan hadiah ini, pertama sekali kita mesti menyediakan diri sebagai bekas yang bersih.

Yeremia 17:9 menyebutkan, " Betapa liciknya hati, lebih licik dari pada segala sesuatu, hatinya sudah membatu: siapakah yang dapat mengetahuinya?" Kita juga dapati dalam Matius 15:18-19, di mana Yesus berkata "Tetapi apa yang keluar dari mulut berasal dari hati dan itulah yang menajiskan orang. Kerana dari hati timbul segala fikiran jahat, pembunuhan, perzinaan, percabulan, pencurian, sumpah palsu dan hujat." Oleh itu, hanya selepas kita membersihkan hati barulah kita akan menjadi bekas yang bersih. Apabila telah menjadi bekas yang bersih, tiada antara kita yang akan memikirkan "fikiran jahat," menyebut perkataan jahat, atau melakukan tindakan jahat.

Pembersihan hati kita ini hanya dapat dilakukan dengan air rohani, iaitu firman Tuhan. Itu sebabnya Dia menggesa kita dalam Efesus 5:26 untuk menguduskannya, sesudah Ia menyucikannya dengan memandikannya dengan air dan firman," dan dalam Ibrani 10:22 Dia menggalakkan kita semua untuk "menghadap Tuhan dengan hati yang tulus ikhlas dan keyakinan iman yang teguh, oleh kerana hati kita telah dibersihkan dari hati nurani yang jahat dan tubuh kita telah dibasuh dengan air yang murni."

Jadi, bagaimanakah air rohani – firman Tuhan – dapat membersihkan kita? Kita mesti mematuhi perbagai perintah yang terdapat dalam 66 buku Alkitab yang berfungsi untuk "menyucikan" hati kita. Mematuhi perintah seperti "Jangan lakukan" dan "Singkirkan" akhirnya akan memimpin kita untuk menyingkirkan semua perkara dosa dan jahat dalam diri.

Kelakuan orang yang telah membersihkan hati mereka dengan firmanNya akan berubah dan menyinarkan cahaya Kristus. Namun, pematuhan terhadap firman tidak dapat dicapai hanya dengan kekuatan dan kehendak diri seseorang; Roh Kudus perlu memimpin dan membantunya.

Apabila kita mendengar dan memahami Firman, membuka hati, dan menerima Yesus sebagai Penyelamat kita, Tuhan memberikan kita Roh Kudus sebagai hadiah. Roh Kudus hidup dalam manusia yang menerima Yesus Kristus sebagai Penyelamat mereka, dan membantu mereka mendengar dan memahami firman kebenaran. Alkitab memberitahu kita bahawa "Apa yang dilahirkan dari daging, adalah daging, dan apa yang dilahirkan dari Roh, adalah roh (Yohanes 3:6). Anak-anak Tuhan yang menerima Roh Kudus sebagai hadiah dapat menyingkirkan dosa dan kejahatan diri setiap hari dengan kuasa Roh Kudus, dan menjadi manusia rohani.

Adakah anda resah dan risau, dan tertanya-tanya, 'Bagaimanakah dapat saya mematuhi semua perintah?'

1 Yohanes 5:2-3 mengingatkan kita, "Inilah tandanya, bahawa kita mengasihi anak-anak Tuhan, iaitu apabila kita

mengasihi Tuhan serta melakukan perintah-perintahNya. Sebab inilah kasih kepada Tuhan, iaitu, bahwa kita menuruti perintah-perintahNya. Perintah-perintahNya itu tidak berat." Jika anda mengasihi Tuhan dari lubuk hati anda, mematuhi perintah Tuhan tidak sukar.

Apabila ibu bapa melahirkan anak-anak mereka, ibu bapa menjaga semua aspek kebajikan anak-anak termasuklah makanan, pakaian, mandi dan sebagainya. Jika ibu bapa menjaga kanak-kanak yang bukan anak mereka, ia mungkin dirasakan sebagai satu bebanan. Sebaliknya, jika ibu bapa menjaga anak-anak mereka sendiri, ia tidak akan dirasakan sebagai satu bebanan. Walaupun jika anak ini bangun dan menangis pada waktu tengah malam, ibu bapa tidak akan berasa terbeban; ini kerana mereka amat mengasihi anak mereka. Melakukan sesuatu untuk seseorang yang dikasihi adalah sumber kegembiraan dan kesenangan hati; ia tidak sukar dan menyakitkan hati. Dengan cara yang sama, jika kita benar-benar percaya bahawa Tuhan adalah Bapa kepada roh kita dan dalam kasih sayangNya yang tidak terhingga, memberikan satu-satunya AnakNya untuk dikorbankan di atas salib untuk kita, bagaimana mungkin kita tidak mengasihiNya? Selain itu, jika kita mengasihi Tuhan, hidup berpandukan firmanNya bukanlah sukar. Sebaliknya, adalah sukar dan menyakitkan jika kita tidak hidup berpandukan firman Tuhan atau mematuhi kehendakNya.

Saya telah menderita pelbagai penyakit selama tujuh tahun sehinggalah kakak saya membawa saya ke rumah Tuhan. Melalui penerimaan api Roh Kudus dan penyembuhan pelbagai penyakit yang saya miliki pada saat saya berlutut di rumah Tuhan ini, saya telah bertemu Tuhan yang hidup. Hal ini berlaku pada 17 April 1974. Sejak itu, saya mula menghadiri semua jemaah doa dengan penuh kesyukuran terhadap kasih kurnia Tuhan. Pada bulan November tahun yang sama, saya menghadiri perjumpaan kebangkitan pertama di mana saya mula mempelajari firmanNya, dan perkara asas bagi kehidupan seseorang dalam Kristus:

'Ah, beginilah Tuhan!'
'Saya mesti menyingkirkan semua dosa.'
'Ini yang berlaku apabila saya percaya!'
'Saya mesti berhenti merokok dan minum arak.'
'Saya mesti sentiasa berdoa.'
'Memberikan derma itu wajib,
  dan saya tidak boleh berhadapan dengan
  Tuhan dengan tangan kosong.'

Sepanjang minggu, saya menerima firman dengan hanya perkataan "Amen!" dalam hati saya.

Penulis, Dr. Jaerock Lee

Selepas perjumpaan kebangkitan itu, saya berhenti merokok dan minum arak, dan mula memberi derma dan persembahan kesyukuran. Saya juga mula berdoa pada waktu subuh dan sedikit demi sedikit menjadi orang yang rajin berdoa. Saya melakukan semua yang saya pelajari, dan juga mula membaca Alkitab.

Saya telah disembuhkan daripada semua penyakit dan kelemahan, yang tidak dapat disembuhkan dengan apa cara di dunia, hanya berbekalkan kuasa Tuhan dalam sekelip mata. Oleh itu, saya benar-benar percaya dengan setiap ayat dan bab dalam Alkitab. Memandangkan pada waktu itu saya baru mula beriman, ada beberapa bahagian Alkitab yang tidak dapat saya fahami dengan mudah. Namun, perintah yang dapat difahami saya patuhi dengan serta-merta. Contohnya, apabila Alkitab menyatakan supaya jangan menipu, saya berkata kepada diri sendiri, "Menipu adalah satu dosa! Alkitab menyatakan supaya jangan menipu, jadi saya tidak akan menipu." Saya juga berdoa, "Tuhan, tolonglah saya menyingkirkan penipuan yang tidak sengaja!" Saya bukannya memperdayakan orang lain dengan hati yang jahat, tetapi saya terus berdoa supaya saya akan dapat berhenti daripada menipu secara tidak sengaja.

Ramai orang menipu, dan kebanyakan daripada mereka tidak sedar bahawa mereka menipu. Apabila seseorang yang anda tidak mahu berbual di telefon menghubungi anda, pernahkah anda meminta anak-anak, rakan sekerja, atau kawan untuk menyatakan bahawa "Beritahu dia saya tiada"? Ramai orang menipu kerana mereka "memikirkan perasaan" orang lain. Orang begini menipu, contohnya, jika ditanya sama ada mereka mahu makan atau minum semasa bertandang ke rumah orang lain. Walaupun jika mereka masih belum makan atau berasa dahaga, tetamu yang tidak mahu "menyusahkan" akan berkata kepada tuan rumah, "Tak mengapa, terima kasih. Saya dah makan (atau minum) sebelum datang ke sini." Namun, selepas saya mempelajari bahawa penipuan dengan niat baik sekalipun masih dianggap menipu, saya berdoa dengan tekun untuk menyingkirkan penipuan, dan akhirnya saya berjaya menyingkirkan penipuan secara tidak sengaja juga.

Tambahan lagi, saya membuat senarai semua perkara jahat dan berdosa yang perlu saya singkirkan, dan berdoa. Hanya apabila saya yakin bahawa saya telah berjaya menyingkirkan satu kejahatan dan tabiat berdosa, barulah saya memangkahnya dengan dakwat merah pada senarai saya. Jika ada perkara jahat dna berdosa yang saya tidak mampu singkirkan dengan mudah walaupun selepas berdoa dengan tekun, saya mula berpuasa tanpa berlengah lagi. Jika saya tidak mampu melakukannya selepas berpuasa selama tiga hari, saya akan memanjangkan puasa selama lima hari. Jika saya mengulangi dosa yang sama, saya akan berpuasa selama tujuh hari. Namun, jarang sekali saya perlu berpuasa selama seminggu; selepas berpuasa selama tiga hari, saya dapat menyingkirkan lebih banyak dosa dan kejahatan. Sebanyak mana saya menyingkirkan kejahatan melalui pengulangan proses ini, saya menjadi bekas yang lebih bersih.

Tiga tahun selepas bertemu dengan Yesus, yang membuang semua perkara yang mengingkari firman Tuhan dan dapat dianggap sebagai bekas yang bersih pada pandangan Tuhan. Selain itu, saya dengan tekun mematuhi perintah, termasuklah "Buat" dan "Amalkan," saya dapat hidup berdasarkan firman Tuhan dalam masa yang singkat. Apabila saya berubah menjadi bekas yang bersih, Tuhan telah melimpahkan rahmat kepada saya. Keluarga saya menerima rahmat kesihatan. Saya dengan segera dapat membayar semua hutang. Saya menerima rahmat dari segi fizikal dan rohani. Ini adalah kerana, Alkitab memberikan kita jaminan seperti yang berikut: "Saudara-saudaraku yang kekasih, jikalau hati kita tidak menuduh kita, maka kita mempunyai keberanian percaya untuk mendekati Tuhan, dan apa saja yang kita minta, kita memperolehnya dari padaNya, kerana kita menuruti segala perintahNya dan berbuat apa yang berkenan kepadaNya" (1 Yohanes 3:21-22).

Kedua, untuk menjadi bekas yang lebih indah daripada permata, anda mesti "diperhaluskan dengan api" dan menyinarkan cahaya rohani.

Batu berharga yang mahal pada cincin dan rantai leher pada asalnya adalah batu mentah. Namun, ia telah diperhaluskan oleh jauhari dan memancarkan cahaya sinaran dan memiliki bentuk yang cantik.

Sama seperti jauhari berkemahiran ini memotong, menggosok dan memperhaluskan batu berharga ini dengan api dan membentuknya menjadi bentuk indah dengan sinaran menawan, Tuhan juga mendisiplinkan anak-anakNya. Tuhan mendisiplinkan mereka bukan disebabkan dosa mereka, tetapi melalui disiplin ini Dia dapat memberikan mereka rahmat secara fizikal dan rohani. Pada pandangan anak-anak Tuhan yang tidak melakukan dosa atau kesalahan, ia mungkin bermakna mereka terpaksa menahan kesakitan dan penderitaan ujian. Ini adalah proses di mana Tuhan melatih dan mendisiplinkan anak-anakNya supaya mereka dapat menyinarkan warna dan sinaran yang lebih indah. 1 Petrus 2:19 mengingatkan kita bahawa, "Sebab adalah kasih kurnia, jika seorang kerana sedar akan kehendak Tuhan menanggung penderitaan yang tidak harus ia tanggung." Kita juga dapati, "Maksud semuanya itu ialah untuk membuktikan kemurnian imanmu, yang jauh lebih tinggi nilainya daripada emas yang fana, yang diuji kemurniannya dengan api, sehingga kamu memperoleh puji-pujian dan kemuliaan dan kehormatan pada hari Yesus Kristus menyatakan diriNya" (1 Petrus 1:7).

Walaupun sekiranya anak-anak Tuhan telah menyingkirkan semua jenis kejahatan dan menjadi bekas yang disucikan, pada masa yang telah ditetapkan oleh Tuhan, Dia akan membenarkan mereka untuk didisiplinkan dan diuji supaya mereka akan dapat tampil sebagai bekas yang lebih indah daripada permata. Separuh daripada ayat 1 Yohanes 1:5 memberitahu kita, "Tuhan adalah terang dan di dalam Dia sama sekali tidak ada kegelapan," kerana Tuhan adalah cahaya yang indah tanpa cacat atau cela, Dia memimpin anak-anakNya ke tahap cahaya yang sama.

Oleh itu, jika anda melepasi apa-apa ujian yang dibenarkan oleh Tuhan dengan kebaikan dan kasih sayang, anda akan menjadi bekas yang lebih bersinar dan indah. Tahap kekuasaan dan kuasa rohani berbeza bergantung kepada kecerahan cahaya rohani. Selain itu, apabila cahaya rohani bersinar, musuh iaitu iblis dan Syaitan tidak mempunyai ruang untuk berdiri.

Dalam Markus 9 ada kisah di mana Yesus menghalau roh jahat daripada seorang budak lelaki, yang bapanya merayu Yesus untuk menyembuhkan anaknya. Yesus memarahi roh jahat ini. "Hai kau roh yang menyebabkan orang menjadi bisu dan tuli,

Aku memerintahkan engkau, keluarlah dari pada anak ini dan jangan memasukinya lagi" (ayat 25). Roh jahat keluar daripada anak ini, yang dapat bercakap semula. Sebelum kisah ini berlaku, bapa budak lelaki ini membawa anaknya bertemu salah seorang hawari Yesus, yang tidak berjaya menghalau keluar roh jahat. Ini kerana tahap cahaya rohani si hawari tidak sama dengan Yesus.

Jadi, apakah yang perlu kita lakukan untuk masuk ke tahap cahaya rohani Yesus? Kita akan dapat memenangi segala jenis ujian dengan percaya kepada Tuhan, menggantikan kejahatan dengan kebaikan, dan malah mengasihi musuh kita. Kesannya, apabila kebaikan, kasih sayang dan kebenaran anda dianggap sejati, seperti Yesus, anda dapat menghalau roh jahat dan menyembuhkan apa jua jenis penyakit dan kelemahan.

Rahmat untuk Bekas yang Lebih Indah daripada Permata

Apabila saya telah melalui perjalanan dalam keimanan ini selama bertahun-tahun, saya juga telah berhadapan dengan banyak ujian. Contohnya, disebabkan saya dituduh oleh sebuah program televisyen beberapa tahun lalu, saya mengalami ujian yang yang menyakitkan dan menyeksakan seperti maut. Kesannya, orang yang telah menerima kasih kurnia melalui saya dan ramai lagi orang lain yang saya anggap rapat seperti keluarga telah mengkhianati saya.

Kepada orang biasa, saya menjadi mangsa salah faham dan sasaran untuk dipersalahkan, manakala ramai ahli Manmin yang menderita dan dituduh dengan tuduhan palsu. Namun, saya dan ahli Manmin berjaya melalui ujian ini dengan kebaikan, kerana kami menyerahkan segala-galanya kepada Tuhan, kami merayu kepada Tuhan kasih sayang dan belas ihsan untuk mengampunkan mereka.

Selain itu, saya tidak membenci atau melupakan orang yang meninggalkan kami dan menjadikan keadaan sukar untuk gereja ini. Semasa sedang melalui ujian yang dahsyat ini, saya benar-benar yakin bahawa Tuhan Bapa mengasihi saya. Inilah caranya saya dapat berdepan dengan orang yang melakukan kejahatan, dengan kebaikan dan kasih sayang. Seperti pelajar yang menerima penghargaan bagi kerja keras dan merit melalui peperiksaan, apabila keimanan, kebaikan, kasih sayang dan kebenaran saya menerima penghargaan Tuhan, Dia merahmati saya untuk melakukan dan memperlihatkan kuasaNya dengan lebih hebat.

Selepas ujian ini, Dia membuka pintu yang mana melaluinya saya dapat mencapai misi dunia. Tuhan bekerja supaya beribu-ribu orang akan berkumpul di perhimpunan luar negara yang saya anjurkan, dan Dia telah bersama saya dengan kuasaNya yang menjangkaui masa dan ruang.

Cahaya rohani dengan mana Tuhan mengelilingi kita adalah lebih cerah dan indah berbanding batu permata di dunia ini. Tuhan menganggap anak-anakNya yang telah dikelilingi dengan cahaya rohani sebagai bekas yang lebih indah daripada permata.

Oleh itu, semoga setiap daripada anda dengan cepat mencapai penyucian dan menjadi bekas yang menerangi cahaya rohani yang telah mengatasi ujian, dan lebih indah daripada permata, dan semoga anda menerima apa sahaja yang anda minta dan menjalani kehidupan yang dirahmati, dengan nama Yesus Kristus saya berdoa!

Pesanan 4
Cahaya

1 Yohanes 1:5

Dan inilah berita
yang telah kami dengar dari Dia
dan yang kami sampaikan kepada kamu,
Tuhan adalah Terang,
dan di dalam Dia sama sekali tidak ada kegelapan.

Ada banyak jenis cahaya dan setiap daripadanya mempunyai keupayaan yang menakjubkan. Yang paling penting, ia menerangkan kegelapan, memberikan kehangatan, dan membunuh bakteria atau fungus yang berbahaya. Dengan cahaya, tumbuh-tumbuhan dapat meneruskan kehidupan melalui proses fotosintesis.

Namun, ada cahaya fizikal yang kita dapat lihat dengan mata kasar dan sentuh, dan ada juga cahaya rohani yang tidak dapat dilihat atau disentuh. Seperti cahaya fizikal yang mempunyai banyak keupayaan, dalam cahaya rohani juga ada banyak keupayaan. Apabila cahaya bersinar pada waktu malam, kegelapan hilang serta-merta.

Dengan cara yang sama, apabila cahaya rohani bersinar dalam hidup kita, kegelapan rohani akan hilang apabila kita berjalan dalam kasih sayang dan belas kasihan Tuhan. Memandangkan kegelapan rohani merupakan akar umbi penyakit dan masalah di rumah, tempat kerja dan dalam perhubungan, kita tidak akan dapat berasa kesenangan hati. Namun, apabila cahaya rohani bersinar dalam kehidupan kita, masalah yang melepasi tahap pengetahuan dan kemahiran manusia dapat diselesaikan dan semua keinginan kita akan dipenuhi.

Cahaya Rohani

Apakah cahaya rohani dan bagaimanakah ia berfungsi? Kita dapati dalam separuh ayat 1 Yohanes 1:5 bahawa "Tuhan adalah terang dan di dalam Dia sama sekali tidak ada kegelapan," dan dalam Yohanes 1:1, "Firman itu adalah Tuhan." Sebagai rumusan, "cahaya" merujuk bukan sahaja Tuhan sendiri, malah juga firmanNya yang merupakan kebenaran, kebaikan dan kasih sayang. Sebelum penciptaan semua benda, dalam keluasan alam semesta Tuhan telah wujud bersendirian dan tidak mempunyai apa-apa bentuk. Sebagai gabungan cahaya dan bunyi, Tuhan mendiami keseluruhan alam semesta. Cahaya yang indah, agung dan menakjubkan yang mengelilingi seluruh alam semesta dan daripada cahaya keluarlah satu suara elegan dan jelas.

Tuhan yang wujud sebagai cahaya dan bunyi menciptakan takdir penggemburan manusia untuk mendapatkan anak-anak sejati. Dia kemudiannya mempunyai satu bentuk, membahagikan diriNya kepada Trinitas, dan menciptakan manusia berdasarkan imejNya sendiri. Namun, intipati Tuhan masih lagi cahaya dan bunyi, dan Dia masih bekerja dengan cahaya dan bunyi, Walaupun Dia mempunyai bentuk manusia, dalam bentuk ini terdapat cahaya dan bunyi kuasaNya yang tidak terhingga.

Sebagai tambahan kepada kuasa Tuhan, ada elemen lain seperti kebenaran, termasuk kasih sayang dan kebaikan dalam cahaya rohani ini. 66 buku dalam Alkitab adalah kumpulan kebenaran cahaya rohani yang dipersembahkan dalam bentuk bunyi. Dalam kata lain, "cahaya" merujuk kepada semua perintah dan ayat-ayat dalam Alkitab berkenaan kebaikan, kebenaran, dan kasih sayang, termasuklah "Saling mengasihi," "Sentiasa berdoa," "Menghormati Hari Sabat," "Mematuhi 10 Perintah," dan sebagainya.

Berjalan Dalam Cahaya untuk Bertemu Tuhan

Tuhan memerintah dunia cahaya, manakala musuh iaitu iblis dan Syaitan memerintah dunia kegelapan. Selain itu, memandangkan iblis dan Syaitan menentang Tuhan, orang yang hidup dalam dunia kegelapan tidak akan dapat bertemu dengan Tuhan. Oleh itu, untuk bertemu dengan Tuhan, menyelesaikan pelbagai masalah dalam kehidupan, dan menerima jawapan, anda mesti dengan segera keluar daripada dunia kegelapan dan masuk ke dalam dunia cahaya.

Dalam Alkitab kita dapati banyak perintah "Lakukan". Ini termasuklah "Saling mengasihi," "Saling berkhidmat," "Berdoa,"

"Bersyukur," dan sebagainya. Ada juga perintah "Amalkan", termasuklah "Mengamalkan Hari Sabat," "Mengamalkan 10 Perintah," "Mengamalkan Perintah Tuhan," dan sebagainya. Ada juga banyak perintah "Jangan lakukan", termasuklah, "Jangan berbohong," "Jangan membenci," "Jangan mementingkan diri," "Jangan menyembah berhala," "Jangan mencuri," "Jangan cemburu," "Jangan iri hati," "Jangan mengumpat," dan sebagainya. Ada jua perintah "Singkirkan", termasuklah "Singkirkan semua jenis kejahatan," "Singkirkan iri hati dan cemburu," "Singkirkan ketamakan," dan sebagainya.

Mematuhi semua perintah Tuhan ini adalah hidup dalam cahaya, menyerupai Yesus, dan menyerupai Tuhan Bapa. Sebaliknya, jika anda tidak melakukan apa yang diperintahkan Tuhan, jika anda tidak mengamalkan apa yang disuruh, jika anda melakukan apa yang dilarang, dan jika anda tidak menyingkirkan apa yang disuruh oleh Tuhan, anda akan kekal berada dalam kegelapan. Oleh itu, ingatlah bahawa ingkar firman Tuhan bermakna kita berada dalam dunia kegelapan yang dipimpin oleh iblis dan Syaitan, dan kita mesti sentiasa hidup berdasarkan firman Tuhan dan berjalan dalam cahaya.

Keakraban dengan Tuhan Apabila Kita Berjalan dalam Cahaya

Seperti yang dinyatakan dalam separuh pertama ayat 1 Yohanes 1:7, "Tetapi jika kita hidup di dalam terang sama seperti Dia ada di dalam terang, maka kita beroleh persekutuan seorang dengan yang lain," hanya apabila kita berjalan dan hidup dalam cahaya maka dapat kita katakan bahawa kita mempunyai hubungan dengan Tuhan.

Sama seperti hubungan antara bapa dengan anak, kita juga mesti mempunyai hubungan dengan Tuhan, iaitu Bapa roh kita. Namun, untuk mempunyai dan mengekalkan hubungan denganNya, kita mesti lulus satu syarat iaitu menyingkirkan dosa dengan berjalan dalam cahaya. Itu sebabnya, "Jika kita katakan, bahwa kita beroleh persekutuan dengan Dia, namun kita hidup di dalam kegelapan, kita berdusta dan kita tidak melakukan kebenaran" (1 Yohanes 1:6).

"Hubungan" bukanlah satu hala sahaja. Hanya kerana anda kenal seseorang, tidak bermakna anda mempunyai hubungan dengannya. Hanya apabila kedua-dua belah pihak menjadi betul-betul rapat untuk mengenali, percaya, bergantung, dan bebas berkata-kata sesama sendiri barulah ada "hubungan" antara kedua-duanya.

Contohnya, kebanyakan daripada anda kenal raja atau presiden negara anda. Tidak kira betapa banyak maklumat yang anda tahu tentang presiden ini, jika dia tidak mengenali anda, tiada hubungan antara anda dengan presiden. Selain itu, setiap hubungan mempunyai kedalaman yang berbeza. Kedua-dua pihak mungkin hanya kenal; anda mungkin cukup rapat untuk bertanya khabar dari semasa ke semasa; atau, anda berdua mungkin mempunyai hubungan rapat yang mana anda berkongsi rahsia sesama sendiri.

Hal ini sama dengan hubungan dengan Tuhan. Untuk menjadikan hubungan kita dengan Tuhan satu hubungan sejati, Tuhan mesti mengenali dan mengakui kita. Jika kita mempunyai hubungan yang mendalam dengan Tuhan, kita tidak akan sakit atau menjadi lemah, dan tiada persoalan kita yang tidak akan dijawab. Tuhan mahu memberikan anak-anakNya yang terbaik, dan memberitahu kita dalam Ulangan 28 bahawa apabila kita benar-benar patuh kepada Tuhan dan mematuhi smeua perintahNya dengan teliti, kita akan dirahmati apabila masuk dan dirahmati apabila keluar; kita akan memberi pinjam tetapi tidak akan meminjam daripada sesiapa; dan kita akan menjadi kepala dan bukan ekor.

Bapa Keimanan Yang Mempunyai Hubungan Sejati Dengan Tuhan

Apakah jenis hubungan yang Daud, iaitu yang dianggap Tuhan "seorang yang berkenan di hatiKu" (Kisah Para Rasul 13:22), ada denganNya? Daud mengasihi, takut dan bergantung sepenuhnya kepada Tuhan pada setiap masa. Semasa dia melarikan diri daripada Saul atau pergi berperang, seperti seorang kanak-kanak yang bertanya kepada ibu bapanya apa yang perlu dia lakukan, Daud selalu bertanya, "Patutkah saya pergi? Ke mana patut saya pergi?" dan melakukan apa yang diperintahkan Tuhan kepadanya. Selain itu, Tuhan selalu memberikan Daud jawapan yang lembut dan terperinci, dan apabila Daud melakukan apa yang disuruh Tuhan, dia mencapai kemenangan demi kemenangan (2 Samuel 5:19-25).

Daud menikmati hubungan yang indah dengan Tuhan kerana, dengan keimanannya, Daud menyenangkan hati Tuhan. Contohnya, pada awal pemerintahan Raja Saul, orang Filistin menakluk Israel. Mereka dipimpin oleh Goliath, yang memperlekehkan askar Israel dan mencaci dan menghina nama Tuhan. Namun, tiada sesiapapun dalam pasukan Israel yang berani mencabar Goliath, Pada waktu itu, walaupun dia masih muda, Daud pergi berhadapan dengan Goliath tanpa bersenjata dan hanya berbekalkan lima biji batu licin yang dikutip dari sungai, kerana dia percaya dengan Tuhan yang Maha Wujud dan medan peperangan ini adalah milik Tuhan (1 Samuel 17). Tuhan bekerja supaya batu Daud terkena dahi Goliath. Selepas Goliath mati, segala-galanya berubah dan Israel mencapai kemenangan penuh.

Atas keimanannya yang kukuh, Daud dianggap "seorang yang berkenan di hatiKu" oleh Tuhan, dan seperti bapa dan anak yang mempunyai hubungan rapat akan membincangkan semua perkara, Daud dapat mencapai semua perkara dengan Tuhan di sisinya.

Alkitab juga memberitahu kita bahawa Tuhan bercakap dengan Musa secara bersemuka. Contohnya, apabila Musa dengan berani meminta Tuhan untuk menunjukkan wajahNya, Tuhan dengan suka cita memberikan apa sahaja yang diminta (Keluaran 33:18). Bagaimanakah Musa dapat mempunyai hubungan yang rapat dengan Tuhan?

Sejurus selepas Musa memimpin orang Israel keluar daripada Mesir, dia berpuasa dan berkomunikasi dengan Tuhan selama 40 hari di puncak Gunung Sinai. Apabila Musa tidak pulang pada masanya, orang Israel mencipta patung yang dapat mereka sembah. Melihatkan hal ini, Tuhan memberitahu Musa yang Dia akan memusnahkan orang Israel dan akan menjadikan Musa sebuah bangsa yang hebat" (Keluaran 32:10).

Mendengarkan hal ini, Musa merayu kepada Tuhan: "Berbaliklah dari murkaMu yang bernyala-nyala itu dan menyesallah kerana malapetaka yang hendak Kau datangkan kepada umatMu" (Keluaran 32:12). Keesokan harinya, dia merayu lagi kepada Tuhan: "Ah, bangsa ini telah berbuat dosa besar, sebab mereka telah membuat tuhan emas bagi mereka. Tetapi sekarang, kiranya Engkau mengampuni dosa mereka itu - dan jika tidak, hapuskanlah kiranya namaku dari dalam kitab yang telah Kau tulis!" (Keluaran 32:31-32) Betapa menakjubkan dan penuh kasih sayang doa ini!

Selain itu, kita dapat dalam Bilangan 12:3, "Adapun Musa ialah seorang yang sangat lembut hatinya, lebih dari setiap manusia yang di atas muka bumi." Bilangan 12:7 menyatakan, " Bukan demikian hambaKu Musa, seorang yang setia dalam segenap rumahKu." Dengan kasih sayang yang hebat dan hati yang lembut, Musa dapat setia dalam semua rumah Tuhan dan menikmati hubungan yang rapat dengan Tuhan.

Rahmat untuk Orang yang Berjalan dalam Cahaya

Yesus, yang datang ke dunia sebagai cahaya dunia, mengajarkan hanya kebenaran dan ajaran syurga. Orang yang bekerja dalam kegelapan yang dimiliki oleh iblis, sebaliknya, tidak dapat memahami cahaya walaupun jika ia diterangkan kepada mereka. Dalam penentangan mereka, manusia yang hidup dalam kegelapan tidak dapat menerima cahaya atau penyelamatan, namun sebaliknya pergi ke jalan kemusnahan.

Orang yang mempunyai hati yang baik dapat mengenal pasti dosa mereka, bertaubat, dan mencapai penyelamatan melalui cahaya kebenaran. Dengan menurut kehendak Roh Kudus, mereka juga melahirkan roh setiap hari dan berjalan dalam cahaya. Kekurangan kebijaksanaan atau keupayaan mereka bukan lagi menjadi masalah. Mereka menetapkan hubungan dengan Tuhan yang merupakan cahaya, dan menerima suara dan seliaan daripada Roh Kudus. Segala-galanya akan berjalan lancar bagi mereka dan mereka akan menerima kebijaksanaan dari syurga. Walaupun mereka mempunyai masalah yang rumit seperti jaring labah-labah, tiada apa yang dapat menghalang mereka daripada menyelesaikan masalah dan tiada halangan dapat mengganggu jalan mereka kerana Roh Kudus akan memberikan arahan secara peribadi kepada mereka sepanjang perjalanan ini.

Seperti 1 Korintus 3:18 menggesa kita, "Janganlah ada orang yang menipu dirinya sendiri. Jika ada di antara kamu yang menyangka dirinya berhikmat menurut dunia ini, biarlah ia menjadi bodoh, supaya ia berhikmat," kita mesti menyedari kebijaksanaan dunia adalah kebodohan di hadapan Tuhan.

Selain itu, seperti yang dinyatakan dalam Yakobus 3:17, "Tetapi hikmat yang dari atas adalah pertama-tama murni, selanjutnya pendamai, peramah, penurut, penuh belas kasihan dan buah-buah yang baik, tidak memihak dan tidak munafik." Apabila kita mencapai penyucian dan masuk ke dalam cahaya, kebijaksanaan daripada syurga akan turun kepada kita. Apabila kita berjalan dalam cahaya, kita juga akan mencapai tahap di mana kita gembira walaupun mempunyai kekurangan, dan kita tidak berasa kekurangan walaupun sebenarnya ada.

Hawari Paulus mengakui dalam Filipi 4:11, "Kukatakan ini bukanlah kerana kekurangan, sebab aku telah belajar mencukupkan diri dalam segala keadaan." Dengan cara yang sama, jika kita berjalan dalam cahaya kita akan mencapai ketenangan Tuhan, dengan mana ketenangan dan kegembiraan akan keluar dan melimpah ruah dalam diri kita. Orang yang berdamai dengan orang lain tidak akan bergaduh atau bertengkar dengan keluarga mereka. Sebaliknya, apabila kasih sayang dan kasih kurnia melimpah dalam hati mereka, pengakuan kesyukuran tidak akan lekang dari bibir mereka.

Selain itu, apabila kita berjalan dalam cahaya dan menyerupai Tuhan sebanyak yang mungkin, seperti yang Dia nyatakan dalam 3 Yohanes 1:2, "Saudaraku yang kekasih, aku berdoa, semoga engkau baik-baik dan sihat-sihat saja dalam segala sesuatu, sama seperti jiwamu baik-baik saja," kita pasti akan menerima bukan sahaja rahmat kemakmuran dalam segala-galanya, malah kekuasaan, keupayaan dan kuasa Tuhan yang merupakan cahaya.

Selepas Paulus bertemu dengan Yesus dan berjalan dalam cahaya, Tuhan membolehkan dia memperlihatkan kuasa yang hebat sebagai hawari kepada orang bukan Yahudi. Walaupun Stefanus atau Filipus bukanlah nabi atau salah seorang hawari Yesus, Tuhan masih bekerja dengan hebat melalui mereka. Dalam Kisah Para Rasul 6:8, kita dapat "Dan Stefanus, yang penuh dengan kurnia dan kuasa, mengadakan mukjizat-mukjizat dan tanda-tanda di antara orang banyak." Dalam Kisah Para Rasul 8:6-7, kita juga dapati, "Ketika orang banyak itu mendengar pemberitaan Filipus dan melihat tanda-tanda yang diadakannya, mereka semua dengan bulat hati menerima apa yang diberitakannya itu. Sebab dari banyak orang yang kerasukan roh jahat keluarlah roh-roh itu sambil berseru dengan suara keras, dan banyak juga orang lumpuh dan orang tempang yang disembuhkan."

Seseorang dapat memperlihatkan kuasa Tuhan sejauh mana dia menjadi suci dengan berjalan dalam cahaya dan menyerupai Yesus. Hanya ada beberapa orang yang telah memperlihatkan kuasa Tuhan. Namun, walaupun antara orang yang mampu memperlihatkan kuasaNya, kehebatan kuasa yang ditunjukkan berbeza antara satu sama lain bergantung kepada sejauh mana seseorang menyerupai Tuhan yang merupakan cahaya.

Adakah Saya Hidup dalam Cahaya?

Untuk menerima rahmat hebat yang dianugerahkan kepada orang yang berjalan dalam cahaya, setiap seorang daripada kita mesti pertama sekali bertanya dan menilai diri sendiri, "Adakah saya hidup dalam cahaya?"

Walaupun anda tidak mempunyai masalah tertentu, anda perlu menilai diri sendiri untuk melihat sama ada anda mempunyai kehidupan yang "suam-suam" dalam Kristus atau jika anda tidak mendengar atau tidak dipimpin oleh Roh Kudus. Jika begini, anda mesti bangkit daripada tidur rohani ini.

Jika anda telah menyingkirkan sedikit kejahatan, anda tidak boleh berasa puas hati; seperti kanak-kanak yang menjadi dewasa, anda juga perlu mencapai keimanan bapa. Anda mesti mempunyai hubungan yang mendalam dengan Tuhan serta keakraban intim denganNya.

Jika anda berlari ke arah penyucian, anda mesti mengesan walaupun sedikit kejahatan dan menyingkirkannya. Lebih banyak kuasa yang anda ada dan lebih anda menjadi kepala, anda mesti sentiasa berkhidmat dan mengutamakan kepentingan orang lain. Apabila orang lain, termasuklah orang yang lebih rendah kedudukan berbanding anda, menunjukkan kesalahan anda, anda perlu mampu menerimanya. Anda mesti bertoleransi dan menggerakkan hati mereka, dan bukannya berasa benci atau tidak selesa serta memulaukan orang yang tersasar daripada jalan kebenaran dan melakukan kejahatan. Anda tidak boleh merendah-rendahkan atau tidak suka kepada orang lain. Anda juga tidak boleh mengabaikan orang lain dan berasa sentiasa betul, atau memusnahkan keamanan.

Saya telah menunjukkan dan memberikan begitu banyak kasih sayang kepada orang yang lebih muda, miskin atau lemah. Seperti ibu bapa yang lebih mengambil berat akan anak mereka yang lemah dan sakit berbanding anak yang sihat, saya berdoa lebih tekun untuk orang yang berada dalam situasi ini, tidak pernah mengabaikan mereka, dan cuba sedaya-upaya untuk menyelamatkan mereka. Orang yang berjalan dalam cahaya mesti mempunyai belas ihsan terhadap orang lain, walaupun mereka melakukan kesalahan yang besar, dan dapat memaafkan mereka dan menutup kesalahan mereka serta tidak mendedahkannya.

Walaupun dalam membuat kerja Tuhan, anda mesti jangan menunjukkan kebaikan atau pencapaian diri sendiri, tetapi memuji usaha orang lain yang bekerja dengan anda. Apabila usaha mereka diakui dan dipuji, anda mestilah lebih gembira.

Dapatkah anda bayangkan betapa Tuhan mengasihi anakNya yang hatinya menyerupai hati Yesus? Seperti Dia berjalan dengan Enok selama 300 tahun, Tuhan juga berjalan dengan anak-anak yang menyerupaiNya. Selain itu, Dia akan memberikan mereka bukan sahaja rahmat kesihatan dan segala-galanya berjalan lancar, tetapi juga kuasaNya dengan mana Dia akan menggunakan mereka sebagai bekas berharga.

Oleh itu, walaupun anda fikir anda mempunyai keimanan dan mengasihi Tuhan, semoga anda menilai semula berapa banyak keimanan dan kasih sayang anda yang Tuhan akan akui, dan berjalan dalam cahaya supaya hidup anda akan melimpah dengan bukti kasih sayangNya dan persahabatanNya, saya berdoa atas nama Yesus Kristus!

Pesanan 5
Kuasa Cahaya

1 Yohanes 1:5

Dan inilah berita
yang telah kami dengar dari Dia
dan yang kami sampaikan kepada kamu,
Tuhan adalah Terang,
dan di dalam Dia sama sekali tidak ada kegelapan.

Dalam Alkitab, ada banyak contoh di mana ramai orang menerima penyelamatan, penyembuhan, dan mendapat jawapan melalui kerja Tuhan yang berkuasa, yang dilakukan melalui AnakNya Yesus. Apabila Yesus memberi arahan, semua jenis penyakit akan sembuh serta-merta dan kelemahan akan sembuh seperti sedia kala.

Orang yang buta dapat melihat, yang bisu dapat bercakap, dan yang pekak dapat mendengar. Lelaki yang tangannya layu disembuhkan, orang cacat dapat berjalan, dan paralitik menerima penyembuhan. Selain itu, roh jahat dihalau dan orang mati dihidupkan semula.

Kerja hebat kuasa Tuhan ini ditunjukkan bukan hanya oleh Yesus, tetapi juga ramai nabi pada zaman Perjanjian Lama dan para hawari pada zaman Perjanjian Baru. Tentu sekali, kuasa Tuhan yang ditunjukkan oleh Yesus tidak sama dengan para nabi dan hawari. Namun, bagi orang yang menyerupai Yesus dan Tuhan sendiri, Dia memberikan mereka kuasa dan menggunakan mereka sebagai bekasNya. Tuhan ialah cahaya yang menunjukkan kuasaNya melalui paderi seperti Stefanus dan Filipa kerana mereka mencapai kesucian dengan berjalan dalam cahaya dan menyerupai Yesus.

Hawari Paulus Menunjukkan Kuasa Luar Biasa Sehingga Dianggap "Tuhan"

Antara watak dalam Perjanjian Baru, Hawari Paulus menunjukkan kuasa Tuhan dan dan kedudukannya adalah kedua selepas Yesus. Dia menyebarkan ajaran kepada orang bukan Yahudi, yang tidak mengenali Tuhan, mesej kuasa yang disertakan dengan tanda dan mukjizat. Dengan kuasa begini, Paulus dapat mengakui Tuhan sebenar dan Yesus Kristus.

Memandangkan penyembahan berhala dan sebagainya berleluasa pada waktu itu, tentu ada antara orang Yahudi yang sebegini. Menyebarkan ajaran kepada mereka memerlukan Paulus menunjukkan bukti kerja kuasa Tuhan yang melebihi kuasa jampi serapah dan kerja roh jahat (Roma 15:18-19).

Dari Kisah Para Rasul 14:8 dan ke atas, ada kejadian di mana hawari Paulus menyebarkan ajaran di sebuah kawasan yang dinamakan Lystra. Apabila Paulus memerintahkan seorang lelaki yang lumpuh sepanjang hidupnya, "Berdirilah tegak di atas kakimu!" lelaki ini berdiri dan mula berjalan (Kisah Para Rasul 14:10). Apabila orang ramai melihat hal ini, mereka berkata, "Dewa-dewa telah turun ke tengah-tengah kita dalam rupa manusia" (Kisah Para Rasul 14:11). Dalam Kisah Para Rasul 28, ada kejadian di mana hawari Paulus tiba di pulau Malta selepas kapal karam. Apabila dia memungut kayu untuk dijadikan unggun api, seekor ular kapak yang kepanasan, mematuk tangannya. Melihatkan hal ini, penduduk pulau fikir yang tangannya akan bengkak atau dia akan mati, tetapi apabila tiada apa-apa berlaku kepada Paulus, orang ramai menyatakan bahawa dia Tuhan (ayat 6).

Ini kerana hawari Paulus memiliki hati yang benar pada pandangan Tuhan, dia dapat menunjukkan kerja berkuasa Tuhan sehingga dia digelar "tuhan" oleh orang ramai.

Kuasa Tuhan yang Merupakan Cahaya

Kuasa yang diberikan bukanlah kerana seseorang mahukannya; ia diberikan hanya kepada orang yang menyerupai Tuhan dan telah mencapai kesucian. Hari ini pun, Tuhan masih mencari orang yang dapat diberikan kuasaNya untuk digunakan sebagai bekas keagungan. Itu sebabnya Markus 16:20 mengingatkan kita bahawa, "Merekapun pergilah memberitakan Injil ke segala penjuru, dan Tuhan turut bekerja dan meneguhkan firman itu dengan tanda-tanda yang menyertainya." Yesus juga menyatakan dalam Yohanes 4:48, "Jika kamu tidak melihat tanda dan mukjizat, kamu tidak percaya."

Memimpin ramai orang menuju penyelamatan memerlukan

kuasa dari syurga yang dapat menunjukkan tanda dan mukjizat, yang akan mengakui Tuhan yang hidup. Dalam dunia di mana dosa dan kejahatan berleluasa, tanda dan mukjizat lebih diperlukan.

Apabila kita berjalan dalam cahaya dan menjadi satu roh dengan Tuhan Bapa, kita dapat menunjukkan kuasa seperti yang Yesus tunjukkan. Ini kerana Yesus telah berjanji, "Aku berkata kepadamu: Sesungguhnya barang siapa percaya kepadaKu, ia akan melakukan juga pekerjaan-pekerjaan yang Aku lakukan, bahkan pekerjaan-pekerjaan yang lebih besar dari pada itu. Sebab Aku pergi kepada Bapa" (Yohanes 14:12).

Jika seseorang menunjukkan kuasa begini dalam dunia rohani yang hanya dapat dilaksanakan oleh Tuhan, maka dia adalah orang yang diakui oleh Tuhan. Seperti Mazmur 62:11 mengingatkan, "Satu kali Tuhan berfirman, dua hal yang aku dengar: bahawa kuasa dari Tuhan asalnya," musuh iaitu iblis dan Syaitan tidak dapat menunjukkan kuasa begini yang dimiliki Tuhan. Tentu sekali, kerana mereka makhluk rohani, mereka memiliki kuasa untuk menyesatkan manusia dan memujuk manusia untuk menentang Tuhan. Namun satu faktor masih kekal: tidak makhluk lain yang dapat meniru kuasa Tuhan, dengan mana Dia mengawal kehidupan, kematian, rahmat, sumpahan, dan sejarah manusia, serta menciptakan sesuatu daripada tiada apa-apa. Kuasa ini termasuk dalam dunia Tuhan yang merupakan cahaya, dan hanya dapat ditunjukkan oleh orang yang telah mencapai kesucian dan mencapai tahap keimanan Yesus Kristus.

Perbezaan Antara Kuasa, Keupayaan dan Kekuasaan Tuhan

Dalam merujuk kepada keupayaan Tuhan, ramai orang menyamakan kekuasaan dengan keupayaan, atau keupayaan dengan kuasa; namun ada perbezaan yang jelas antara ketiga-tiganya.

"Keupayaan" adalah kuasa keimanan dengan mana sesuatu yang mustahil bagi manusia tidak mustahil bagi Tuhan. "Kekuasaan" adalah kuasa Tuhan yang takzim, bertaraf tinggi dan agung Tuhan, dan dalam dunia rohani, keadaan tanpa dosa adalah kuasa. Dalam kata lain, kekuasaan adalah penyucian itu sendiri, dan anak-anak Tuhan yang disucikan yang telah menyingkirkan kejahatan dan dusta sepenuhnya dalam hati mereka, dapat menerima kekuasaan rohani.

Jadi, apakah itu "kuasa"? Ia merujuk kepada kebolehan dan kekuasaan Tuhan yang mana Dia berikan kepada orang yang telah mengelak semua jenis kejahatan dan menjadi suci.

Cuba lihat contoh. Jika seorang pemandu mempunyai

"keupayaan" untuk memandu kenderaan, pegawai trafik adalah orang yang mengawal trafik dan mempunyai "kekuasaan" untuk menahan mana-mana kenderaan. Kekuasaan ini – untuk menahan dan membenarkan mana-mana kenderaan berada di atas jalan raya – telah diberikan kepada pegawai oleh kerajaan. Oleh itu, walaupun pemandu mempunyai "keupayaan" untuk memandu kenderaan, memandangkan dia tidak mempunyai "kekuasaan" seperti pegawai trafik, apabila pegawai menyuruh pemandu untuk berhenti atau terus memandu, pemandu mesti menurut.

Dengan cara ini, kekuasaan dan keupayaan berbeza, dan apabila kekuasaan dan keupayaan digabungkan, kita menamakannya sebagai kuasa. Dalam Matius 10:1, kita dapati "Yesus memanggil kedua belas muridNya dan memberi kuasa kepada mereka untuk mengusir roh-roh jahat dan untuk melenyapkan segala penyakit dan segala kelemahan." Kuasa menggabungkan "kekuasaan" untuk menghalau roh jahat dan "keupayaan" untuk menyembuhkan penyakit dan kelemahan.

Perbezaan antara Kebolehan Penyembuhan dan Kuasa

Orang yang tidak biasa dengan kuasa Tuhan yang merupakan

cahaya sering menyamakannya dengan kebolehan penyembuhan. Kebolehan penyembuhan dalam 1 Korintus 12:9 merujuk kepada kerja membakar penyakit disebabkan virus. Ia tidak dapat menyembuhkan pekak dan bisu yang disebabkan kelemahan tubuh badan atau kematian sel saraf. Kes penyakit dan kelemahan begini hanya dapat disembuhkan oleh kuasa Tuhan dan doa keimanan yang menyenangkan hati Tuhan. Selain itu, kuasa Tuhan yang merupakan cahaya ditunjukkan sepanjang masa, kebolehan penyembuhan bukanlah berkesan setiap masa.

Sebaliknya, Tuhan memberikan kebolehan penyembuhan kepada mereka, tidak kira tahap kesucian hati mereka, yang amat mengasihi dan sentiasa berdoa untuk orang lain dan roh mereka, dan yang dianggap Tuhan sebagai berani dan bekas yang berguna. Namun, jika kebolehan penyembuhan digunakan bukan hanya untuk keagunganNya tetapi dengan cara yang salah dan untuk kepentingan sendiri, Tuhan tentu akan menarik balik kebolehan ini.

Sebaliknya, kuasa Tuhan hanya diberikan kepada orang yang telah mencapai kesucian hati; setelah diberikan, ia tidak akan lemah atau hilang kerana penerimanya tidak akan menggunakan kebolehan ini untuk kepentingan peribadi. Sebaiknya, lebih banyak seseorang menyerupai hati Yesus, lebih tinggi tahap kuasa yang dikurniakan Tuhan kepadanya. Jika hati dan kelakuan individu menjadi satu dengan Yesus, dia akan dapat menunjukkan kuasa Tuhan yang pernah Yesus tunjukkan sendiri.

Ada perbezaan dari segi cara kuasa Tuhan ditunjukkan. Kebolehan menyembuhkan tidak mampu menyembuhkan penyakit teruk atau ganjil dan lebih sukar bagi orang yang mempunyai keimanan yang tipis untuk disembuhkan dengan kebolehan penyembuhan. Namun, dengan kuasa Tuhan yang merupakan cahaya, tiada apa yang mustahil. Apabila pesakit menunjukkan walaupun sedikit bukti keimanannya, penyembuhan dengan kuasa Tuhan akan berlaku dengan serta-merta. Di sini, "keimanan" merujuk kepada keimanan rohani dengan mana seseoran percaya daripada pusat hatinya.

Empat Tahap Kuasa Tuhan yang Merupakan Cahaya

Melalui Yesus Kristus yang sama semalam dan hari ini, sesiapa yang dianggap sesuai sebagai bekas pada pandangan Tuhan akan menunjukkan kuasaNya.

Ada banyak tahap dalam menunjukkan kuasa Tuhan. Lebih banyak anda mencapai roh, lebih tinggi tahap kuasa yang anda akan masuk dan terima. Orang yang terbuka mata rohaninya

*"Saya menangis siang dan malam.
Saya lebih terluka
apabila orang melihat saya
sebagai 'budak yang ada AIDS.'"*

*Yesus menyembuhkan saya
dengan kuasaNya
dan menggembirakan keluarga saya.
Saya amat gembira sekarang!*

Esteban Juhnka dari Honduras, disembuhkan dari AIDS

dapat melihat pelbagai tahap iluminasi cahaya menurut setiap tahap kuasa Tuhan. Manusia sebagai makhluk dapat menunjukkan sehingga empat tahap kuasa Tuhan.

Tahap kuasa pertama adalah manifestasi kuasa Tuhan dengan cahaya merah, yang memusnahkan dengan api Roh Kudus.

Api Roh Kudus yang marak daripada tahap pertama kuasa yang ditunjukkan oleh cahaya merah membakar dan menyembuhkan penyakit termasuklah kuman - dan penyakit berjangkit virus. Penyakit termasuklah kanser, penyakit paru-paru, diabetes, leukemia, penyakit buah pinggang, artritis, masalah jantung dan AIDS, dapat disembuhkan. Namun ini tidak bermakna yang semua penyakit yang disebutkan di atas dapat disembuhkan pada tahap kuasa pertama. Orang yang telah melangkah melebihi batasan hidup yang Tuhan tetapkan, seperti kes kanser tahap akhir atau penyakit paru-paru, kuasa tahap pertama tidak akan mencukupi.

Pemulihan bahagian tubuh yang telah rosak atau tidak dapat berfungsi dengan baik memerlukan kuasa yang lebih hebat yang bukan hanya akan menyembuhkan malah juga membina semula bahagian tubuh baru. Walaupun dalam kes begini, tahap keimanan yang ditunjukkan pesakit serta tahap keimanan yang

Shama Masaz dari Pakistan, dibebaskan daripada rasukan syaitan selama 14 tahun

ditunjukkan oleh ahli keluarga demi kasih sayang mereka kepadanya akan menentukan di tahap mana Tuhan akan menunjukkan kuasaNya.

Sejak penubuhannya, terdapat banyak manifestasi kuasa tahap pertama di Gereja Besar Manmin. Apabila manusia mematuhi firman Tuhan dan menerima doa, segala jenis penyakit akan dibersihkan. Apabila orang lain bersalam dengan saya atau menyentuh hujung baju saya, menerima doa melalui sapu tangan yang telah saya doakan, dan doa yang dirakam sebagai mesej telefon automatik, atau apabila saya berdoa dengan gambar pesakit, kami telah menyaksikan penyembuhan daripada Tuhan berkali-kali.

Kuasa pada tahap pertama tidak terbatas kepada hanya memusnahkan dengan api Roh Kudus. Walaupun seketika, apabila seseorang berdoa dengan keimanan dan mendapat inspirasi, terkesan dan dipenuhi Roh Kudus, sesiapa sahaja dapat menunjukkan kerja berkuasa Tuhan yang lebih hebat lagi. Namun, hal ini adalah sementara dan bukanlah bukti kuasa Tuhan yang diberikan secara kekal, dan hanya berlaku mengikut kehendak Tuhan.

Tahap kedua kuasa adalah manifestasi kuasa Tuhan dengan cahaya biru.

Maleakhi 4:2 memberitahu kita, "Tetapi kamu yang takut akan namaKu, bagimu akan terbit syurga kebenaran dengan kesembuhan pada sayapnya. Kamu akan keluar dan berjingkrak-jingkrak seperti anak lembu lepas kandang." Manusia yang mata rohaninya terbuka dapat melihat sinaran cahaya seperti laser yang mengeluarkan pancaran penyembuhan.

Tahap kuasa kedua kedua dapat menghalau kegelapan dan membebaskan manusia yang dirasuk roh jahat, dikawal Syaitan, dan ditakluk oleh pelbagai jenis roh jahat. Pelbagai jenis penyakit mental yang berpunca daripada kegelapan, termasuklah autisme, gemuruh, dan lain-lain dapat disembuhkan dengan kuasa tahap kedua.

Penyakit jenis ini dapat dicegah jika kita "Sentiasa gembira" dan "mengucapkan syukur atas segala-galanya." Jika anda tidak gembira sentiasa dan bersyukur atas semua keadaan, sebaliknya membenci orang lain, menyimpan perasaan jahat, berfikiran negatif, dan mudah marah, anda akan lebih senang terdedah kepada penyakit begini. Apabila kuasa Syaitan, yang menggalakkan manusia memiliki fikiran dan hati yang jahat telah dihapuskan, semua penyakit mental akan sembuh secara semula jadi.

Dari semasa ke semasa, dengan kuasa Tuhan tahap kedua, penyakit fizikal dan kelemahan dapat disembuhkan. Penyakit dan kecacatan begini disebabkan kerja syaitan dan iblis disembuhkan dengan cahaya tahap kedua kuasa Tuhan. Di sini, "kelemahan" merujuk kepada degenerasi dan kelumpuhan bahagian tubuh, seperti dalam kes orang yang bisu, pekak, cacat, buta, lumpuh sejak lahir dan sebagainya.

Dari Markus 9:14 dan seterusnya, ada kisah di mana Yesus menghalau "roh pekak dan bisu" daripada seorang kanak-kanak lelaki (ayat 25). Kanak-kanak ini menjadi pekak dan bisu disebabkan roh jahat yang ada di dalam tubuhnya. Apabila Yesus menghalau roh ini, kanak-kanak ini sembuh serta-merta.

Dengan cara yang, apabila punca penyakit adalah kuasa kegelapan, termasuklah iblis, roh jahat ini mesti dihalau supaya pesakit dapat disembuhkan. Jika seseorang menderita masalah sistem pencernaan disebabkan masalah gemuruh, punca masalah ini perlu dihapuskan dengan menghalau kuasa Syaitan. Dalam penyakit seperti lumpuh dan artritis, kerja kuasa dan saki-baki kegelapan juga dapat dilihat. Kadang kala, walaupun diagnosis perubatan tidak dapat mengesan apa-apa masalah fizikal, manusia mengalami kesakitan di sana-sini dalam tubuh mereka. Apabila saya berdoa untuk orang yang menderita begini, orang lain yang mata rohaninya terbuka dapat melihat kuasa kegelapan dalam bentuk haiwan meninggalkan tubuh pesakit.

"Wahai, Tuhan! Bagaimana mungkin? Bagaimana saya dapat berjalan?"

Seorang wanita tua Kenya berjalan selepas menerima doa yang hanya dari mimbar

Selain daripada kuasa kegelapan yang ada dalam penyakit dan kelemahan, tahap kedua kuasa Tuhan, yang merupakan cahaya, juga dapat menghalau kuasa kejahatan yang berada di rumah, dalam perniagaan dan tempat kerja. Apabila orang yang mampu menunjukkan kuasa Tuhan tahap kedua melawat orang yang merana di rumah dan menghadapi masalah di tempat kerja dan dalam perniagaan, seperti kegelapan yang hilang apabila cahaya muncul, rahmat menurut amalan mereka akan dicurahkan ke atas mereka.

Menghidupkan semula orang mati atau mematikan seseorang menurut kehendak Tuhan adalah kerja kuasa Tuhan tahap kedua juga. Contoh berikut termasuk dalam kategori ini: hawari Paulus menghidupkan semula Eutychus (Kisah Para Rasul 20:9-12); Ananias dan Sapphira memperdayakan hawari Petrus dan sumpahan yang menyebabkan kematian mereka (Kisah Para Rasul 5:1-11); dan sumpahan Elisha terhadap kanak-kanak yang juga menyebabkan kematian mereka (2 Raja-raja 2:23-24).

Namun, ada perbezaan penting antara kerja Yesus dengan kerja hawari Paulus dan Petrus, serta nabi Elisha. Yang paling penting, Tuhan sebagai Penguasa semua roh mesti membenarkan sama ada seseorang terus hidup atau meninggal dunia. Namun, memandangkan Yesus dan Tuhan adalah satu dan sama, kehendak Yesus sama dengan kehendak Tuhan. Itu sebabnya Yesus mampu menghidupkan semula orang mati hanya

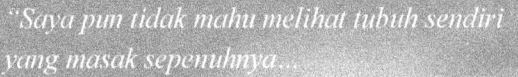

"Saya pun tidak mahu melihat tubuh sendiri
yang masak sepenuhnya...

Apabila bersendirian,
Dia datang kepada saya,
menghulurkan tangannya,
dan meletakkan saya disisinya.

Dengan kasih sayang dan dedikasiNya,
Saya telah menerima hidup baru...
Adakah apa-apa
yang tidak akan saya lakukan untuk Yesus?"

Paderi Kanan Eundeuk Kim,
disembuhkan daripada terbakar kelas ketiga
dari kepala ke kaki

dengan memerintahkan dengan kata-kata (Yohanes 11:43-44), sementara nabi dan para hawari perlu meminta kehendak dan kebenaran Tuhan untuk menghidupkan semula manusia.

Tahap ketiga kuasa adalah manifestasi kuasa Tuhan dengan cahaya putih atau tiada warna, dan disertai banyak jenis tanda dan kerja mukjizat.

pada tahap ketiga kuasa Tuhan yang merupakan cahaya, banyak jenis tanda serta kerja mukjizat dapat ditunjukkan. Di sini, "tanda" merujuk kepada penyembuhan yang membolehkan orang buta melihat, orang bisu bercakap dan orang pekak mendengar. Orang yang lumpuh dapat berdiri dan berjalan, kaki yang pendek dipanjangkan, dan kelumpuhan sejak lahir atau serebral palsi disembuhkan sepenuhnya. Bahagian tubuh yang cacat atau tidak sempurna sejak lahir akan dipulihkan. Tulang yang bersepai akan dicantumkan, tulang yang hilang akan diganti baru, lidah yang pendek menjadi panjang, dan tendon akan disambungkan semula. Selain itu, memandangkan cahaya tahap kuasa Tuhan yang pertama, kedua dan ketiga diperlihatkan secara serentak pada tahap ketiga seperti yang diperlukan, tiada penyakit atau kelemahan yang akan memberikan masalah.

Walaupun jika seseorang terbakar seluruh badan dan sel serta ototnya terbakar, atau walaupun jika dagingnya masak disebabkan tersimbah air mendidih, Tuhan dapat menciptakan segala-gala yang baru. Memandangkan Tuhan mampu mencipta sesuatu daripada tiada apa-apa, Dia mampu membaiki buka sahaja objek bukan hidup seperti mesin, tetapi juga bahagian tubuh manusia yang sudah rosak.

Di Gereja Besar Manmin, melalui doa sapu tangan atau doa yang dirakamkan sebagai mesej automatik telefon, organ dalaman yang tidak berfungsi dengan baik atau cedera teruk akan dapat dipulihkan. Apabila paru-paru yang cedera disembuhkan dan ginjal dan hati yang memerlukan pemindahan kembali normal, pada tahap ketiga kuasa Tuhan, kerja kuasa penciptaan akan diperlihatkan dengan banyak.

Ada satu faktor yang menjadi perbezaan. Jika fungsi satu bahagian tubuh yang lemah telah dipulihkan, ini adalah kerja tahap pertama kuasa Tuhan. Sebaliknya, jika fungsi bahagian tubuh yang tidak mempunyai harapan untuk disembuhkan dipulihkan semula atau digantikan baru, ini adalah kerja tahap ketiga kuasa Tuhan, iaitu kuasa penciptaan.

Tahap keempat kuasa adalah manifestasi kuasa Tuhan dengan cahaya emas, dan penghasilan kuasa.

Seperti yang kita dapat lihat dalam kerja berkuasa yang ditunjukkan oleh Yesus, tahap keempat kuasa menguasai segala-galanya, cuaca, malah dapat memerintah objek bukan hidup untuk patuh. Dalam Matius 21:19, apabila Yesus menyumpah sepohon pokok ara, kita dapati, "Dan seketika itu juga keringlah pohon ara itu" Daripada Matius 8:23 dan seterusnya, ada kisah di mana Yesus memarahi angin dan ombak, dan keadaan menjadi tenang. Alam sekitar dan objek bukan hidup seperti angin dan laut pun menjadi patuh apabila Yesus memberi perintah kepada mereka.

Yesus pernah menyuruh Petrus untuk pergi ke laut lebih dalam, menebar jala, dan apabila Petrus patuh, dia menangkap begitu banyak ikan sehingga jalanya koyak (Lukas 5:4-6). Ada suatu masa, Yesus menyuruh Petrus, "pergilah memancing ke danau. Dan ikan pertama yang kau pancing, tangkaplah dan bukalah mulutnya, maka engkau akan menemukan mata wang empat dirham di dalamnya. Ambillah itu dan bayarkanlah kepada mereka, bagi-Ku dan bagimu juga" (Matius 17:24-27).

Disebabkan Tuhan menciptakan semua perkara di dunia dengan firmanNya, apabila Yesus memberi perintah kepada alam semesta, ia mematuhiNya dan menjadi kenyataan. Dengan cara yang sama, apabila kita memiliki keimanan sebenar, kita akan pasti dengan apa yang kita harapkan dan yakin dengan apa yang kita tidak nampak (Ibrani 11:1), dan kerja berkuasa yang menciptakan sesuatu daripada tiada apa-apa akan diperlihatkan.

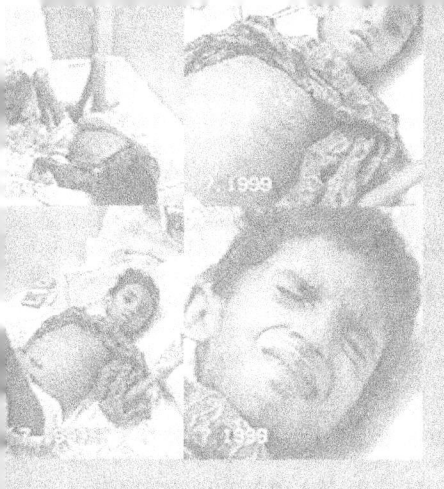

"Amat sakit...
Sangat sakit
sehingga saya tidak dapat
membuka mata...
Tiada sesiapa tahu apa yang
saya rasakan,
tetapi Yesus tahu semuanya
dan menyembuhkan saya."

Cynthia dari Pakistan,
disembuhkan daripada penyakit sellak dan ileus

Selain itu, pada tahap keempat kuasa Tuhan, kerja yang diperlihatkan menjangkaui masa dan ruang.

Antara manifestasi kuasa Tuhan oleh Yesus, ada beberapa yang menjangkaui masa dan ruang. Daripada Markus 7:24 dan seterusnya, ada kisah di mana seorang wanita merayu Yesus untuk menyembuhkan anak perempuannya yang dirasuk syaitan. Melihatkan kerendahan diri dan keimanan wanita ini, Yesus memberitahunya, "Kerana kata-katamu itu, pergilah sekarang sebab syaitan itu sudah keluar dari anakmu" (ayat 29). Apabila wanita ini tiba di rumah, dia mendapati anaknya sedang terbaring di atas katil, dan syaitan telah tiada.

Walaupun Yesus tidak datang sendiri melawat orang yang sakit, apabila dia melihat keimanan orang sakit dan memberikan perintah, penyembuhan yang menjangkaui masa dan ruang berlaku.

Yesus berjalan di atas air, yang merupakan kerja kuasa yang Dia sahaja telah perlihatkan, juga membuktikan bahawa semua perkara di alam semesta ini berada dalam kekuasaan Yesus.

Selain itu, Yesus juga memberitahu kita dalam Yohanes 14:12, "Aku berkata kepadamu: Sesungguhnya barang siapa percaya kepadaKu, ia akan melakukan juga pekerjaan-pekerjaan yang Aku lakukan, bahkan pekerjaan-pekerjaan yang lebih besar dari pada itu. Sebab Aku pergi kepada Bapa." Seperti Dia meyakinkan kita, kerja menakjubkan kuasa Tuhan diperlihatkan di Gereja Besar Manmin hari ini.

Contohnya, pelbagai keajaiban yang mana cuaca diubah telah berlaku. Apabila saya berdoa, hujan yang turun lebat berhenti dalam sekelip mata; awan gelap beredar; dan langit bersih dan dipenuhi awan putih dengan serta-merta. Ada banyak kejadian di mana objek bukan hidup mematuhi doa saya. Malah dalam kes keracunan karbon monoksida yang meragut nyawa, seminit dua selepas saya memberi perintah, orang yang tidak sedarkan diri mula pulih dan tidak mengalami apa-apa kesan sampingan. Apabila saya berdoa untuk seseorang yang menderita kebakaran tahap ketiga, "Kesakitan kebakaran, pergilah," dia tidak lagi merasai apa-apa kesakitan.

Selain itu, kerja kuasa Tuhan yang menjangkaui masa dan ruang berlaku dengan lebih banyak dan lebih menakjubkan lagi. Kes Cynthia, anak perempuan Rev. Wilson John Gil, paderi kanan Gereja Manmin Pakistan, adalah satu kes yang menakjubkan. Apabila saya berdoa untuk Cynthia berdasarkan gambarnya di Seoul, Korea, seorang gadis yang mana doktor sendiri sudah putus harapan, dia dengan segera sembuh pada saat saya berdoa untuknya beribu-ribu batu jauhnya.

Pada tahap kuasa keempat, kuasa untuk menyembuhkan penyakit, menghalau kuasa kegelapan, menunjukkan tanda dan mukjizat, dan memberi perintah yang dipatuhi semua benda - gabungan kerja tahap kuasa pertama, kedua, ketiga dan keempat - diperlihatkan.

Kuasa Tertinggi Kejadian

Alkitab merakamkan manifestasi kuasa oleh Yesus yang melebihi tahap keempat kuasa. Tahap kuasa ni. Kuasa Paling Tinggi, adalah milik Pencipta. Kuasa ini diperlihatkan bukan pada tahap yang sama di mana manusia dapat memperlihatkan kuasaNya. Sebaliknya, ia datang daripada cahaya asal yang diterangi semasa Tuhan wujud bersendirian.

Dalam Yohanes 11, Yesus mengarahkan Lazarus, yang telah meninggal dunia selama empat hari dan mayatnya sudah mula berbau, "Lazarus, keluar!" Atas perintahNya, orang mati ini keluar, dan tangan dan kakinya dibalut dengan kain linen, dan ada kain menutup mukanya (ayat 43-44).

Selepas seseorang telah menyingkirkan semua jenis kejahatan, menjadi suci, menyerupai hati Tuhan Bapa, dan berubah menjadi roh terasuh, dia akan masuk ke dalam dunia rohani. Lebih banyak dia mengumpulkan pengetahuan tentang dunia rohani, lebih tinggi manifestasi kuasa Tuhan yang dimilikinya akan naik melepasi tahap keempat.

Pada waktu itu, dia mencapai tahap kuasa, kuasa yang hanya dapat diperlihatkan oleh Tuhan, yang merupakan Kuasa Paling Tinggi Penciptaan. Apabila seorang manusia mencapai tahap ini dengan sepenuhnya, sama seperti semasa Tuhan menciptakan segala-galanya di dalam alam semesta dengan perintahNya, dia juga akan memperlihatkan kerja penciptaan yang menakjubkan.

Contohnya, apabila dia memerintahkan orang buta supaya, "Buka matamu," mata orang buta itu akan terbuka dengan serta-merta. Apabila dia memerintahkan orang bisu supaya, "Bercakap!" orang bisu itu akan dapat bercakap dengan sekelip mata. Apabila dia memerintahkan orang cacat supaya, "Berdiri," orang cacat akan dapat berjalan dan berlari. Apabila dia memberikan perintah. parut dan bahagian tubuh yang mereput akan diperbaharui.

Ini dilakukan dengan cahaya dan suara Tuhan, yang telah wujud sebagai cahaya dan suara sejak sebelum permulaan masa. Apabila kuasa penciptaan dalam cahaya yang tiada batasan diseru oleh suara, cahaya akan turun dan kerja akan diperlihatkan. Ini adalah cara bagi manusia, yang telah melepasi had kehidupan yang telah ditetapkan oleh Tuhan, dan penyakit yang tidak dapat disembuhkan oleh tahap kuasa pertama, kedua dan ketiga, akan dapat disembuhkan.

Menerima Kuasa Tuhan yang merupakan cahaya

Bagaimana kita dapat menyerupai hati Tuhan yang merupakan cahaya, menerima kuasaNya, dan memimpin ramai orang ke jalan penyelamatan?

Pertama, kita bukan sahaja perlu menjauhi segala jenis kejahatan dan mencapai penyucian, tetapi juga mendapatkan kebaikan hati dan menginginkan kebaikan paling unggul.

Jika anda tidak menunjukkan tanda tidak suka atau tidak selesa dengan seseorang yang menyusahkan hidup anda atau membahayakan anda, bolehkah anda dikatakan mempunyai hati yang baik? Tidak, itu tidak bermakna begitu. Walaupun hati tidak membenci atau tiada ketidakselesaan dan anda menanti dan bertahan, pada pandangan Tuhan ini hanyalah langkah pertama kepada kebaikan.

Pada tahap kebaikan yang lebih tinggi, anda akan bercakap dan berkelakuan dengan cara yang dapat menggerakkan orang yang menyusahkan hidup atau membahayakan anda. Pada tahap kebaikan yang paling tinggi yang menyenangkan hati Tuhan, seseorang perlu sanggup mengorbankan nyawanya sendiri demi musuh.

Yesus dapat memaafkan orang yang menyalibNya dan orang

yang membahayakan diriNya kerana Dia mempunyai kebaikan paling unggul. Musa dan hawari Paulus juga sanggup mengorbankan nyawa mereka demi orang yang cuba membunuh mereka.

Semasa Tuhan mahu memusnahkan orang Israel, yang menentang dengan penyembahan berhala, merungut, dan berdendam dengan Tuhan walaupun mereka telah melihat tanda dan mukjizat yang hebat, bagaimanakah tindak balas Musa? Dia merayu kepada Tuhan: "Tetapi sekarang, kiranya Engkau mengampuni dosa mereka itu - dan jika tidak, hapuskanlah kiranya namaku dari dalam kitab yang telah Kau tulis!" (Keluaran 32:32) Hawari Paulus juga melakukan perkara yang sama. Seperti yang diakuinya dalam Roma 9:3, "Bahkan, aku mahu terkutuk dan terpisah dari Kristus demi saudara-saudaraku, kaum sebangsaku secara jasmani," Paulus telah mencapai kebaikan paling ulung dan kerja hebat kuasa tuhan selalu bersamanya.

Seterusnya, kita mesti mencapai kasih sayang rohani.

Hari ini, kasih sayang semakin berkurangan. Walaupun ramai orang berkata, "Aku cinta padamu," semakin lama, kita lihat bahawa ini adalah "kasih sayang" badaniah yang berubah.

Kasih sayang Tuhan adalah kasih sayang rohani yang berterusan dari hari ke hari, dan ia diterangkan dengan terperinci dalam 1 Korintus 13.

Pertama, "Kasih sayang adalah kesabaran [dan] kasih sayang adalah kebaikan. Ia bukan cemburu." Yesus telah mengampunkan semua dosa dan kesalahan kita, dan membuka jalan untuk penyelamatan dengan menunggu penuh sabar walaupun untuk orang yang tidak sepatutnya diampunkan. Namun, walaupun kita telah mengakui kasih sayang terhadap Yesus, mengapakah kita begitu cepat sahaja mendedahkan dosa dan kesilapan saudara kita? Adakah kita mudah menghakimi dan menuduh orang lain apabila kita tidak menyukai seseorang atau sesuatu? Pernahkah kita cemburu dengan seseorang yang kehidupannya senang atau berasa kecewa?

Seterusnya, kasih sayang "tidak menunjuk-nunjuk [dan] ia tidak sombong" (ayat 5) Walaupun kita kelihatan mengagungkan Tuhan secara lahiriah, jika kita mempunyai hati yang mahu diakui oleh orang lain, mendedahkan diri sendiri, dan tidak mengendahkan orang lain disebabkan kedudukan atau kuasa, ini dianggap berlagak dan berbangga.

Selain itu, kasih sayang "Ia tidak melakukan yang tidak sopan dan tidak mencari keuntungan diri sendiri. Ia tidak pemarah dan tidak menyimpan kesalahan orang lain" (ayat 5). Kelakuan kurang sopan kita terhadap Tuhan dan orang lain, hati dan minda yang sering berubah, usaha kita untuk menjadi lebih baik walaupun menyusahkan orang lain, perasaan tidak berpuas hati yang kita sembunyikan, kecenderungan untuk berfikiran negatif dan memikirkan perkara tidak elok tentang orang lain, dan sebagainya, tidak melambangkan kasih sayang.

Selain tu, kasih sayang "Ia tidak bersukacita kerana ketidakadilan, tetapi kerana kebenaran" (ayat 6). Jika kita mempunyai kasih sayang, kita mesti sentiasa berjalan dan bergembira dengan kebenaran. Seperti dinyatakan dalam 3 Yohanes 1:4, "Bagiku tidak ada sukacita yang lebih besar dari pada mendengar, bahawa anak-anakku hidup dalam kebenaran," kebenaran mestilah menjadi sumber kebahagiaan dan kegembiraan kita.

Akhir sekali, kasih sayang "Ia menutupi segala sesuatu, percaya segala sesuatu, mengharapkan segala sesuatu, sabar menanggung segala sesuatu" (ayat 7). Orang yang benar-benar mengasihi Tuhan akan mengetahui kehendak Tuhan, dan mereka akan mudah percaya semua perkara. Apabila manusia menunggu dan mengharapkan serta percaya dengan kedatangan semula Yesus, kebangkitan penganut, ganjaran syurga dan sebagainya, mereka mengharapkan semua perkara ini, bertahan dengan kesukaran, dan cuba mencapai kehendak Tuhan.

Untuk menunjukkan bukti kasih sayangNya kepada orang yang mematuhi kebenaran seperti kebaikan, kasih sayang, dan lain-lain yang dicatatkan dalam Alkitab, Tuhan yang merupakan cahaya memberikan mereka kuasaNya sebagai hadiah. Dia juga tidak sabar untuk bertemu dan menjawab soalan semua orang yang cuba berjalan dalam cahaya.

Oleh itu, dengan mengenali diri sendiri dan menundukkan hati, semoga anda yang ingin menerima rahmat dan jawapan Tuhan menjadi bekas yang tersedia di hadapan Tuhan dan mengalami kuasa Tuhan, dengan nama Yesus Kristus saya berdoa!

Pesanan 6
Mata Orang Buta Akan Terbuka

Yohanes 9:32-33

Sejak permulaan zaman
tidak pernah kita dengar bahawa
sesiapa pun
membuka mata orang yang dilahirkan buta
Sekiranya lelaki ini bukan datangnya daripada Tuhan,
Ia tidak dapat berbuat apa-apa

Dalam Kisah Para Rasul 2:22, hawari Yesus Petrus, selepas menerima Roh Kudus, bercakap kepada orang Yahudi dan memetik kata-kata nabi Yoel. "Hai orang-orang Israel, dengarlah perkataan ini: Yang aku maksudkan, ialah Yesus dari Nazaret, seorang yang telah ditentukan Tuhan dan yang dinyatakan kepadamu dengan kekuatan-kekuatan dan mukjizat-mukjizat dan tanda-tanda yang dilakukan oleh Tuhan dengan perantaraan Dia di tengah-tengah kamu, seperti yang kamu tahu." Manifestasi kuasa, tanda dan mukjizat hebat Yesus adalah bukti mengakui bahawa Yesus yang disalib oleh orang Yahudi adalah Al-Masih yang kedatanganNya telah diramalkan dalam Perjanjian Lama.

Selain itu, Petrus sendiri telah memperlihatkan kuasa Tuhan selepas menerima dan diperkasakan dengan Roh Kudus. Dia menyembuhkan pengemis yang lumpuh (Kisah Para Rasul 3:8), dan orang ramai membawa orang sakit ke tepi jalan dan membaringkan mereka di atas tilam dan tikar supaya sekurang-kurangnya bayang-bayang Petrus akan jatuh ke atas mereka apabila dia melintas (Kisah Para Rasul 5:15).

Memandangkan kuasa adalah jaminan yang mengakui kewujudan Tuhan dengan orang yang memperlihatkan kuasa, dan cara paling meyakinkan untuk menanam benih keimanan dalam hati orang yang tidak percaya, Tuhan telah memberikan kuasa kepada orang yang difikirkanNya layak.

Yesus Menyembuhkan Lelaki Yang Lahir Buta

Kisah Yohanes 9 bermula dengan Yesus berjumpa seorang lelaki yang dilahirkan buta dalam perjalanannya. Hawari Yesus ingin tahu mengapa lelaki ini tidak dapat melihat sejak lahir. "Rabi, siapakah yang berbuat dosa, orang ini sendiri atau orang tuanya, sehingga ia dilahirkan buta?" (ayat 2) Sebagai jawapan, Yesus menerangkan bahawa lelaki ini dilahirkan buta supaya kerja Tuhan dapat dilakukan dalam hidupnya (ayat 3). Kemudian, Dia berludah di atas tanah, membuat lumpur dengan air liurnya, meletakkannya di mata orang buta, dan memerintahkan, "Pergilah, basuhlah dirimu dalam kolam Siloam" (ayat 6-7). Apabila lelaki ini patuh dan terus pergi mencuci dirinya di Kolam Siloam, matanya terbuka.

Walaupun ada ramai orang yang disembuhkan oleh Yesus dalam Alkitab, satu perkara membezakan orang yang buta sejak lahir ini dengan orang lain. Lelaki ini tidak merayu supaya Yesus menyembuhkannya; sebaliknya, Yesus datang kepadanya dan menyembuhkan dia sepenuhnya.

Jadi, mengapa orang yang dilahirkan buta ini menerima kasih kurnia yang besar?

Pertama, lelaki ini patuh.

Bagi orang biasa, semua perkara yang Yesus lakukan – berludah di tanah, membuat lumpur, meletakkan lumpur di mata orang buta, dan menyuruh orang buta membersihkan diri di Kolam Siloam – tidak masuk akal. Pertimbangan yang waras tidak akan membenarkan manusia biasa untuk percaya bahawa mata orang yang dilahirkan buta akan dapat dibuka selepas meletakkan lumpur pada matanya dan mencucinya di dalam air. Selain itu, jika orang ini mendengar arahan tanpa mengetahui siapa Yesus, dia dan kebanyakan orang lain tidak akan percaya, mereka juga mungkin akan marah. Namun, hal ini tidak berlaku dengan lelaki ini. Seperti yang diarahkan oleh Yesus, dia patuh dan mencuci matanya di Kolam Siloam. Akhirnya, menakjubkan, matanya yang tertutup sejak dia dilahirkan, kini terbuka buat pertama kali dan dia mula dapat melihat.

Jika anda fikir firman Tuhan tidak selari dengan akal wajar atau pengalaman manusia, cubalah patuhi firmanNya dengan rendah hati seperti lelaki yang dilahirkan buta ini. Kemudian, kasih kurnia Tuhan akan turun kepada anda, seperti mata lelaki buta yang terbuka, dan anda juga akan mengalami sesuatu yang hebat.

Kedua, mata rohani dalaman lelaki buta ini, yang dapat membezakan kebenaran dan dusta, telah terbuka.

Berdasarkan perbualannya dengan orang Yahudi selepas disembuhkan, kita dapati bahawa walaupun mata fizikal lelaki ini tertutup, dengan kebaikan hati, dia mampu membezakan perkara yang baik dan buruk. Sebaliknya, orang Yahudi adalah buta rohani, dan terbatas dengan sekatan hukum. Apabila orang Yahudi bertanyakan tentang penyembuhannya, lelaki yang dulunya buta itu dengan berani berkata, "Orang yang disebut Yesus itu mengaduk tanah, mengoleskannya pada mataku dan berkata kepadaku: Pergilah ke Siloam dan basuhlah dirimu. Lalu aku pergi dan setelah aku membasuh diriku, aku dapat melihat" (ayat 11).

Dengan rasa tidak percaya, orang Yahudi bertanya lagi kepada orang yang dahulunya buta ini, "Dan engkau, apakah katamu tentang Dia, kerana Ia telah mencelikkan matamu?" Jawabnya: "Ia adalah seorang nabi" (ayat 17). Lelaki ini fikir jika Yesus mempunyai kuasa untuk menyembuhkan buta, Dia tentulah Tuhan. Namun, orang Yahudi memarahi lelaki ini: "Katakanlah kebenaran di hadapan Tuhan. Kami tahu bahawa orang itu orang berdosa" (ayat 24).

Betapa tidak logiknya andaian mereka? Tuhan tidak membalas doa orang yang berdosa. Dia juga tidak memberikan kuasa kepada pendosa untuk membuka mata orang buta dan menerima keagungan. Walaupun orang Yahudi tidak percaya atau faham hal ini, orang yang dahulunya buta ini terus membuat pengakuan yang berani dan benar. "Kita tahu, bahawa Tuhan tidak mendengarkan orang-orang berdosa, melainkan orang-orang yang salih dan yang melakukan kehendakNya. Dari dahulu sampai sekarang tidak pernah terdengar, bahwa ada orang yang mencelikkan mata orang yang lahir buta. Jikalau orang itu tidak datang dari Tuhan, Ia tidak dapat berbuat apa-apa" (ayat 31-33).

Memandangkan tiada mata buta yang pernah dibuka sejak penciptaan, sesiapa yang mendengar berita lelaki ini sepatutnya bergembira dan meraikan bersama-samanya. Sebaliknya, di kalangan orang Yahudi ada perasaan mengadili, kutukan dan kebencian. Memandangkan orang Yahudi tidak sedar dari segi rohani, mereka fikir kerja Tuhan sendiri adalah sesuatu yang menentangNya. Namun, Alkitab menyatakan bahawa hanya Tuhan yang dapat membuka mata yang buta.

Mazmur 146:8 mengingatkan kita bahawa "TUHAN membuka mata orang-orang buta, TUHAN menegakkan orang yang tertunduk, TUHAN mengasihi orang-orang benar," manakala Yesaya 29:18 memberitahu kita, "Pada waktu itu orang-orang tuli akan mendengar perkataan-perkataan sebuah kitab, dan lepas dari kekelaman dan kegelapan mata orang-orang buta akan melihat." Yesaya 35:5 juga menyatakan, "Pada waktu itu mata orang-orang buta akan dicelikkan, dan telinga orang-orang tuli akan dibuka." Di sini, "Pada waktu itu" merujuk kepada masa apabila Yesus datang dan membuka mata orang buta.

Walaupun ada ayat-ayat dan peringatan ini, dalam sekatan dan kejahatan mereka, orang Yahudi tidak dapat mempercayai kerja Tuhan yang diperlihatkan melalui Yesus, dan sebaliknya menuduh bahawa Yesus seorang pendosa dan tidak mematuhi firman Tuhan. Walaupun lelaki yang dahulunya buta ini tidak mempunyai pengetahuan mendalam berkenaan hukum, hati nuraninya yang baik mengetahui kebenaran: bahawa Tuhan tidak mendengar kata-kata pendosa. Lelaki ini juga tahu bahawa penyembuhan mata yang buta hanya dapat dilakukan oleh Tuhan.

Ketiga, selepas menerima kasih kurnia Tuhan, lelaki yang dahulunya buta datang kepada Yesus dan bertekad untuk menjalani kehidupan yang baru.

Sehingga hari ini, saya telah melihat banyak contoh di mana

"Ibu,
sangat silau...
buat kali pertama,
saya melihat cahaya...
saya tidak pernah terfikir
ini akan berlaku kepada saya..."

Jennifer Rodriguez dari Filipina,
yang buta sejak lahir,
dapat melihat buat kali pertama dalam masa lapan tahun

orang yang sudah di ambang maut menerima kekuatan dan jawapan kepada pelbagai jenis masalah dalam kehidupan di Gereja Besar Manmin. Namun saya bersedih dengan manusia yang mana hatinya berubah selepas mereka menerima kasih kurnia Tuhan dan orang lain yang meninggalkan kepercayaan serta kembali kepada kehidupan dunia. Semasa mereka hidup dalam kesakitan dan penderitaan, manusia begini berdoa dengan mengalirkan air mata, "Saya akan hidup hanya demi Yesus jika saya disembuhkan." Apabila mereka menerima penyembuhan dan rahmat, demi kepentingan sendiri mereka melupakan kasih kurnia dan berpaling daripada kebenaran. Walaupun jika mereka mempunyai masalah fizikal yang belum diselesaikan, ini tidak berguna kerana roh mereka telah terpisah daripada jalan penyelamatan dan mereka dalam perjalanan ke neraka.

Lelaki yang dilahirkan buta ini mempunyai hati yang baik dan tidak akan melupakan kasih kurnia. Itu sebabnya semasa dia bertemu Yesus, dia bukan sahaja disembuhkan daripada keadaan buta tetapi juga dijamin dengan rahmat penyelamatan. Apabila Yesus bertanya kepadanya, "Percayakah engkau kepada Anak Manusia?" lelaki ini menjawab, "Siapakah Dia, Tuhan? Supaya aku percaya kepada-Nya" (ayat 35-36). Kata Yesus kepadanya: "Engkau bukan saja melihat Dia; tetapi Dia yang sedang berkata-kata dengan engkau, Dialah itu," lelaki itu mengakui, "Aku percaya, Tuhan" (ayat 37-38). Lelaki ini bukan sahaja "percaya";

"Hati memimpin saya ke sana...

saya hanya inginkan kasih kurnia...

Tuhan memberikan saya hadiah yang besar.
Yang membuatkan saya lebih gembira
daripada dapat melihat
adalah kerana
saya telah bertemu Tuhan yang hidup!"

Maria dari Honduras,
yang hilang penglihatan mata kanannya
semasa berusia dua tahun,
dapat melihat selepas menerima doa
daripada Dr. Jaerock Lee

dia menerima Yesus sebagai Kristus. Ia merupakan pengakuan lelaki ini bahawa dia bertekad untuk mengikut hanya Yesus dan hidup hanya untuk Yesus.

Tuhan mahu kita smeua untuk berhadapan denganNya dengan hati begini. Dia mahu kita mencariNya bukan sahaja kerana Dia menyembuhkan penyakit kita dan merahmati kita. Dia inginkan kita memahami kasih sayangNya yang melimpah-ruah sehingga Dia memberikan satu-satunya AnakNya kepada kita, dan Dia mahu kita menerima Yesus sebagai Penyelamat kita. Selain itu, kita perlu mengasihiNya bukan hanya dengan kata-kata tetapi juga dengan tindakan berdasarkan firman Tuhan. Dia memberitahu kita dalam 1 Yohanes 5:3, "Sebab inilah kasih kepada Tuhan, iaitu, bahawa kita menuruti perintah-perintahNya. Perintah-perintahNya itu tidak berat." Jika kita benar-benar mengasihi Tuhan, kita perlu menyingkirkan semua kejahatan dalam diri dan berjalan dalam cahaya setiap hari.

Apabila kita meminta apa-apa daripada Tuhan dengan keimanan dan kasih sayang begini, bagaimana Dia tidak akan menjawab permintaan kita? Dalam Matius 7:11, Yesus menjanjikan kita, "Jadi jika kamu yang jahat tahu memberi pemberian yang baik kepada anak-anakmu, apalagi Bapamu yang di syurga! Ia akan memberikan yang baik kepada mereka yang meminta kepadaNya!" percayalah bahawa Tuhan Bapa akan menjawab doa anak-anak yang dikasihiNya.

> "Doktor memberitahu saya yang saya akan buta tidak lama lagi...
> penglihatan mula kabur...
>
> Terima kasih Yesus, kerana memberikan saya cahaya...
>
> saya telah lama menungguMu..."

Paderi Ricardo Morales dari Honduras, yang hampir buta selepas kemalangan tetapi akhirnya dapat melihat

Oleh itu, anda boleh berhadapan dengan Tuhan tidak kira apa jua penyakit atau masalah yang anda hadapi. Dengan pengakuan, "Tuhan, saya percaya!" yang datang dari lubuk hati, apabila anda menunjukkan amalan keimanan, Yesus yang menyembuhkan orang yang buta sejak lahir akan menyembuhkan apa jua penyakit, menjadikan yang mustahil sesuatu yang dapat dilakukan, dan menyelesaikan semua masalah dalam kehidupan anda.

Kerja Membuka Mata Orang Buta di Gereja Besar Manmin

Sejak ditubuhkan pada 1982, Manmin telah banyak mengagungkan Tuhan melalui kerja membuka mata ramai orang yang buta. Ramai orang yang buta sejak lahir dapat melihat selepas menerima doa. Ada juga orang yang penglihatannya tidak begitu baik dan terpaksa bergantung kepada cermin mata atau kanta lekap juga telah disembuhkan. Antara begitu banyak testimoni yang menakjubkan, berikut adalah beberapa contoh.

Semasa saya menjalankan Perhimpunan Besar Bersatu di Honduras pada Julai 2001, ada seorang kanak-kanak perempuan berusia 12 tahun yang telah kehilangan penglihatan mata kanannya selepas demam teruk sewaktu berusia dua tahun. Ibu bapanya telah mencuba pelbagai cara untuk menyembuhkan mata kanannya tetapi tidak berjaya. Pemindahan kornea yang dilakukan terhadap Maria juga tidak berhasil. Selama 10 tahun selepas kegagalan pemindahan kornea ini, Maria tidak dapat melihat walaupun cahaya pada mata kanannya.

Kemudian, pada tahun 2002, dengan keinginan mendalam untuk kasih kurnia Tuhan, Maria menghadiri perhimpunan di mana dia menerima doa saya, mula melihat cahaya, dan tidak lama kemudian dapat melihat semula. Saraf di mata kanan yang telah rosak sepenuhnya dan mati, telah diciptakan semula dengan kuasa Tuhan. Sungguh menakjubkan. Ramai orang di Honduras meraikan dan menyatakan, "Tuhan memang hidup dan memperlihatkan kerja berkuasa sehingga ke hari ini!"

Paderi Ricardo Morales sudah hampir buta tetapi disembuhkan sepenuhnya oleh air manis Muan. Tujuh tahun sebelum perhimpunan Honduras, Paderi Ricardo telah mengalami kemalangan yang menyebabkan kerosakan teruk pada retina dan dia juga mengalami pendarahan teruk. Doktor telah memaklumkan Paderi Ricardo bahawa dia akan kehilangan penglihatannya sedikit demi sedikit, dan akhirnya akan buta. Namun, dia disembuhkan pada hari pertama Persidangan Pemimpin Gereja 2002 di Honduras. Selepas mendengar firman Tuhan, dengan keimanan Paderi Ricardo membasahkan matanya dengan air manis muan dan dia terkejut kerana setiap minit objek yang dilihatnya semakin jelas. Pada mulanya, dia tidak menjangkakan sesuatu seperti ini akan berlaku, dan dia tentu tidak akan percaya. Petang itu, dengan memakai cermin mata, Paderi Ricardo menghadiri sesi pertama perhimpunan ini. Kemudian, secara tiba-tiba kanta cermin matanya tertanggal dan dia mendengar suara Roh Kudus: "Jika kau tidak menanggalkan cermin mata sekarang, kau akan menjadi buta." Paderi Ricardo kemudian menanggalkan cermin matanya dan menyedari bahawa dia dapat melihat segala-galanya dengan jelas. Penglihatannya dipulihkan, dan Paderi Ricardo memberi keagungan yang tinggi kepada Tuhan.

Di Gereja Manmin Nairobi di Kenya, seorang anak muda bernama Kombo pernah melawat kampung halamannya, yang terletak kira-kira 400 kilometer (lebih kurang 250 batu) dari gereja. Semasa berada di kampung, dia menyebarkan ajaran kepada ahli keluarganya dan menceritakan kepada mereka tentang kerja menakjubkan kuasa Tuhan yang berlaku di Gereja Besar Manmin di Seoul. Dia berdoa untuk mereka menggunakan sapu tangan yang telah saya doakan. Kombo juga memberikan keluarganya kalendar yang dicetak oleh gereja.

Selepas mendengar ajaran yang disampaikan oleh cucunya, nenek Kombo yang buta, terfikir dengan keinginan yang mendalam, 'Saya nak melihat gambar Dr. Jaerock Lee juga,' sambil dia memegang kalendar dengan kedua-dua belah tangan.

Apa yang berlaku seterusnya adalah suatu keajaiban. Apabila nenek Kombo menyelak kalendar, matanya terbuka dan dia dapat melihat gambar. Haleluyah! Keluarga Kombo mempunyai pengalaman sendiri dengan kerja berkuasa yang membuka mata orang buta dan mula percaya dengan Tuhan yang hidup. Selain itu, apabila khabar angin tentang hal ini tersebar di seluruh kampung, orang ramai meminta supaya satu gereja cawangan ditubuhkan di kampung ini juga.

Dengan pelbagai kerja berkuasa yang berlaku di seluruh dunia, kini ada beribu-ribu cawangan gereja Manmin di seluruh dunia, dan ajaran kesucian sedang disebarkan hingga ke hujung dunia. Apabila anda mengakui dan percaya dengan kerja kuasa Tuhan, anda juga boleh menjadi pewaris rahmatNya.

Seperti yang berlaku pada zaman Yesus, ramai orang hari ini menghakimi, menuduh dan menentang kerja Roh Kudus, serta tidak meraikan dan mengagungkan Tuhan. Kita mesti sedar bahawa ini adalah dosa yang menakutkan, seperti yang Yesus beritahu secara terperinci dalam Matius 12:31-32: "Sebab itu Aku berkata kepadamu: Segala dosa dan hujat manusia akan diampuni, tetapi hujat terhadap Roh Kudus tidak akan diampuni. Apabila seorang mengucapkan sesuatu menentang Anak Manusia, dia akan diampuni, tetapi jika dia menentang Roh Kudus, dia tidak akan diampuni, di dunia ini tidak, dan di dunia yang akan datang pun tidak."

Supaya kita tidak menentang kerja Roh Kudus dan sebaliknya mengalami kerja ajaib kuasa Tuhan, kita mesti mengakui dan menginginkan kerjaNya, seperti lelaki yang buta dalam Yohanes 9. Bergantung kepada berapa banyak seseorang menyediakan dirinya sebagai bekas untuk menerima jawapan dengan keimanan, sesetengah orang akan mengalami kerja kuasa Tuhan manakala yang lain tidak.

Seperti yang dinyatakan dalam Mazmur 18:25-26, "Terhadap orang yang setia Engkau berlaku setia, terhadap orang yang tidak bercela Engkau berlaku tidak bercela; terhadap orang yang suci Engkau berlaku suci, tetapi terhadap orang yang bengkok Engkau berlaku belat-belit," semoga setiap seorang daripada anda, dengan percaya kepada Tuhan yang memberikan ganjaran berdasarkan amalan kita dan keimanan, menjadi waris rahmatNya, dengan nama Yesus Kristus saya berdoa!

Pesanan 7

Orang Akan Bangun, Melompat dan Berjalan

Markus 2:3-12

Ada orang-orang datang membawa kepadaNya seorang lumpuh,
digotong oleh empat orang.
Tetapi mereka tidak dapat membawanya kepadaNya kerana orang banyak itu, lalu mereka membuka atap yang di atasNya; sesudah terbuka,
mereka menurunkan tilam, tempat orang lumpuh itu terbaring. Ketika Yesus melihat iman mereka, berkatalah Ia kepada orang lumpuh itu, 'Hai anakKu, dosamu sudah diampuni.'
Tetapi di situ ada juga duduk beberapa ahli Taurat mereka berfikir dalam hatinya,
'Mengapa orang ini berkata begitu?
Ia menghujat Tuhan. Siapa yang dapat mengampuni dosa selain dari pada Tuhan sendiri?' Tetapi Yesus segera mengetahui dalam hatiNya
bahawa mereka berfikir demikian,
lalu Ia berkata kepada mereka: 'Mengapa kamu berfikir begitu dalam hatimu? Manakah lebih mudah, mengatakan kepada orang lumpuh ini,
"Dosamu sudah diampuni, atau mengatakan: Bangunlah, angkatlah tilammu dan berjalan"?
Tetapi supaya kamu tahu, bahawa di dunia ini Anak Manusia berkuasa mengampuni dosa.'
Berkatalah Ia kepada orang lumpuh itu,
'Kepadamu Kukatakan, bangunlah,
angkatlah tempat tidurmu dan pulanglah ke rumahmu.'
Dan orang itu pun bangun, segera mengangkat tempat tidurnya
dan pergi ke luar di hadapan orang-orang itu,
sehingga mereka semua takjub lalu memuliakan Tuhan, katanya: "Yang begini belum pernah kita lihat".

Alkitab menyatakan pada zaman Yesus, ramai orang yang lumpuh atau cacat menerima penyembuhan sepenuhnya dan ini mengagungkan Tuhan. Seperti yang Tuhan janjikan kepada kita dalam Yesaya 35:6, " Pada waktu itu orang lumpuh akan melompat seperti rusa, dan mulut orang bisu akan bersorak-sorai," dan sekali lagi dalam Yesaya 49:8, "Pada waktu Aku berkenan, Aku akan menjawab engkau, dan pada hari Aku menyelamatkan, Aku akan menolong engkau; Aku telah membentuk dan memberi engkau, menjadi perjanjian bagi umat manusia, untuk membangunkan bumi kembali dan untuk membagi-bagikan tanah pusaka yang sudah sunyi sepi" Tuhan bukan sahaja akan membalas doa kita malah memimpin kita menuju penyelamatan..

Hal ini banyak dibuktikan hari ini di Gereja Besar Manmin, di mana dengan kerja berkuasa ajaib Tuhan, ramai pesakit mula berjalan, berdiri daripada kerusi rodan dan membuang tongkat mereka.

Dengan keimanan jenis apakah orang lumpuh dalam Markus 2 datang di hadapan Yesus dna menerima penyelamatan dan rahmat jawapan? Saya berdoa agar orang yang kini tidak mampu berjalan disebabkan apa jua jenis penyakit, akan mampu berdiri, berjalan dan berlari.

Orang Lumpuh Mendengar Khabar Tentang Yesus

Dalam Markus 2 ada diceritakan tentang seorang lumpuh yang menerima penyembuhan daripada Yesus semasa Dia melawat Kapernaum. Di bandar ini hidup seorang lelaki miskin yang lumpuh, yang tidak mampu duduk sendiri tanpa bantuan orang lain, dan hidup hanya kerana dia tidak boleh mati. Namun, dia mendengar khabar tentang Yesus yang telah membuka mata orang buta, membolehkan orang cacat berdiri, menghalau roh jahat dan menyembuhkan orang ramai daripada pelbagai jenis penyakit. Kerana lelaki ini mempunyai hati yang baik, apabila dia mendengar khabar tentang Yesus, dia ingat semuanya dan mempunyai keinginan yang kuat untuk bertemu Yesus.

Suatu hari, dia mendengar berita bahawa Yesus telah datang ke Kapernaum. Betapa seronok dan gembiranya dia kerana tidak sabar untuk bertemu Yesus? Namun, lelaki lumpuh ni tidak mampu bergerak sendiri dan dia meminta bantuan kawan-kawannya untuk membawanya bertemu Yesus. Mujurlah kawan-kawannya juga mengetahui siapa Yesus, dan mereka bersetuju membantunya.

Lelaki Lumpuh dan Kawan-kawannya Datang Bertemu Yesus

Lelaki lumpuh dan kawan-kawannya tiba di rumah di mana Yesus sedang menyebarkan ajaran, tetapi kerana terlalu ramai orang di sini, mereka tidak dapat pergi dekat dengan pintu, dan tidak dapat masuk ke dalam rumah. Keadaan tidak membenarkan dia dan kawan-kawannya untuk bertemu Yesus. Mereka tentu telah merayu kepada orang ramai, "Tolong beri laluan! Di sini ada seorang pesakit kritikal!" Namun, rumah ini dan kawasannya padat dengan orang ramai. Jika lelaki lumpuh dan kawan-kawannya tidak mempunyai keimanan yang cukup, mereka mungkin telah pulang ke rumah tanpa bertemu Yesus.

Namun, mereka tidak berputus asa, malah menunjukkan keimanan mereka. Selepas berfikir tentang cara untuk bertemu Yesus, sebagai usaha terakhir, kawan-kawan si lumpuh mula membuat lubang di atap rumah, di atas Yesus Mereka sedar mereka perlu meminta maaf dan membayar ganti rugi bagi kerosakan ini kepada tuan rumah, lelaki lumpuh dan kawan-kawannya amat terdesak untuk bertemu Yesus dan menerima penyembuhan.

Keimanan disertai amalan, dan amalan keimanan dapat diperlihatkan hanya apabila anda merendahkan diri dengan hati yang tunduk. Pernahkah anda terfikir atau berkata kepada diri sendiri, "Walaupun saya mahu, keadaan fizikal tidak membolehkan saya untuk ke gereja"? Jika lelaki lumpuh telah berkata banyak kali, "Yesus, aku percaya bahawa Engkau tahu bahawa aku tidak dapat dapat bertemuMu kerana aku lumpuh.

Aku juga percaya bahawa Engkau akan menyembuhkanku walaupun aku terlantar di atas katil," dia tidak dianggap sebagai telah menunjukkan keimanannya.

Tidak kira apa yang perlu dilakukan, lelaki lumpuh ini mahu datang bertemu Yesus untuk menerima penyembuhan. Dia percaya dan yakin bahawa dia akan disembuhkan apabila dia bertemu Yesus, dan dia meminta kawan-kawannya untuk membawanya bertemu Yesus. Selain itu, memandangkan kawan-kawannya juga mempunyai keimanan, mereka dapat membantu kawan yang lumpuh, walaupun dengan membuat lubang di atap rumah orang yang tidak dikenali.

Jika anda benar-benar percaya yang anda akan disembuhkan di hadapan Tuhan, usaha untuk bertemuNya akan dianggap bukti keimanan anda. Itu sebabnya selepas mereka menebuk lubang di atap, kawan-kawan lelaki lumpuh menurunkannya dengan tikar dan mempersembahkannya di hadapan Yesus. Pada waktu itu, atap rumah di Israel adalah datar dan ada tangga di setiap sisi rumah yang memudahkan orang naik ke bumbung. Selain itu, atap genting mudah untuk dialihkan. Hal ini memudahkan lelaki lumpuh untuk bertemu Yesus dan berada lebih dekat dengannya berbanding orang lain.

Kita Dapat Menerima Jawapan Selepas Kita Menyelesaikan Masalah Dosa

Dalam Markus 2:5, kita dapati Yesus amat gembira dengan amalan keimanan lelaki lumpuh ini. Sebelum Dia menyembuhkan lelaki lumpuh, mengapakah Yesus berkata, "Hai anakKu, dosamu telah diampunkan"? Ini kerana pengampunan dosa perlu dilakukan sebelum penyembuhan.

Dalam Keluaran 15:26, Tuhan berjanji kepada kita, "Jika kamu sungguh-sungguh mendengarkan suara TUHAN, Tuhanmu, dan melakukan apa yang benar di mataNya, dan memasang telingamu kepada perintah-perintahNya dan tetap mengikuti segala ketetapanNya, maka Aku tidak akan menimpakan kepadamu penyakit mana pun, yang telah Kutimpakan kepada orang Mesir; sebab Aku Tuhanlah yang menyembuhkan engkau." Di sini, "penyakit yang telah Kutimpakan kepada orang Mesir" merujuk kepada setiap penyakit yang diketahui oleh manusia. Oleh itu, apabila kita mematuhi perintah dan hidup berdasarkan Firman Tuhan, Dia akan melindungi kita supaya tiada penyakit yang akan menimpa diri kita. Selain itu, dalam Ulangan 28, Tuhan berjanji kepada kita bahwa selagi kita taat dan hidup berpandukan FirmanNya, tiada penyakit yang akan dapat memasuki tubuh kita. Dalam Yohanes 5, selepas menyembuhkan lelaki yang sudah sakit selama 38 tahun, Yesus memberitahunya "Jangan berbuat dosa lagi, supaya padamu jangan terjadi yang lebih buruk" (ayat 14).

Kerana semua penyakit berpunca daripada dosa, sebelum Dia menyembuhkan lelaki lumpuh ini, Yesus pertama sekali memberi pengampunan kepadanya. Namun, bertemu dengan Yesus tidak menjamin pengampunan. Untuk menerima penyembuhan, kita terlebih dahulu perlu bertaubat daripada dosa dan berpaling daripadanya. Jika anda seorang pendosa, anda mesti menjadi orang yang tidak lagi melakukan dosa; jika anda seorang penipu, anda mesti menjadi orang ang tidak lagi menipu; jika anda membenci orang lain, anda mesti hentikannya. Tuhan memberikan pengampunan hanya kepada orang yang patuh. Tambahan pula, mengakui "Saya percaya" tidak menjamin pengampunan anda; apabila kita masuk ke dalam cahaya, darah Yesus secara semula jadi akan membersihkan kita daripada semua dosa (1 Yohanes 1:7).

Lelaki Lumpuh Dapat Berjalan dengan Kuasa Tuhan

Dalam Markus 2, kita dapati selepas menerima pengampunan, lelaki yang lumpuh ini dapat berdiri, mengambil tikarnya dan berjalan keluar di hadapan semua orang di sana. Semasa dia datang kepada Yesus, dia terlantar di atas tikar. Namun, lelaki ini disembuhkan, pada saat Yesus menyatakan, "Hai anak, dosamu telah diampunkan" (ayat 5). Guru hukum Taurat tidak bergembira dengan penyembuhan ini, malah mereka sibuk bertengkar. Apabila Yesus memberitahu lelaki lumpuh, "Hai anak, dosamu telah diampunkan," mereka terfikir,

"Mengapa orang ini berkata begitu? Ia menghujat Tuhan. Siapa yang dapat mengampuni dosa selain dari pada Tuhan sendiri?"(ayat 7)

Kemudian Yesus berkata kepada mereka, "Mengapa kamu berfikir begitu dalam hatimu? Mana lebih mudah, berkata kepada orang lumpuh itu, 'Dosa-dosa anda telah dimaafkan'; atau berkata, 'Bangkitlah, kutip tikar anda dan berjalan'? Tetapi supaya kamu tahu, bahawa di dunia ini Anak Manusia berkuasa mengampuni dosa" (ayat 8-10). Selepas mengingatkan mereka tentang takdir Tuhan, apabila Yesus berkata kepada orang lumpuh, "Kepadamu Kukatakan, bangunlah, angkatlah tempat tidurmu dan pulanglah ke rumahmu," (ayat 11) lelaki ini dengan serta-merta bangun dan berjalan. Dalam kata lain, bagi lelaki ini yang lumpuh untuk menerima penyembuhan, ini bermakna dia juga telah menerima pengampunan, dan Tuhan menjamin setiap kata yang diucapkan oleh Yesus. Ia juga bukti bahawa Tuhan yang Maha Wujud mengakui Yesus sebagai Penyelamat manusia.

Contoh Berdiri, Melompat dan Berjalan

Dalam Yohanes 14:11, Yesus memberitahu kita, "Percayalah kepadaKu, bahawa Aku di dalam Bapa dan Bapa di dalam Aku; atau setidak-tidaknya, percayalah kerana pekerjaan-pekerjaan itu sendiri." Oleh itu, kita mesti percaya bahawa Tuhan Bapa dan

Yesus adalah satu dan sama dengan mengakui bahawa orang lumpuh yang datang kepada Yesus dengan keimanan telah diampunkan, berdiri, melompat dan berjalan dengan perintah Yesus.

Seterusnya dalam Yohanes 14:12, Yesus juga memberitahu kita, "Sesungguhnya barang siapa percaya kepadaKu, ia akan melakukan juga pekerjaan-pekerjaan yang Aku lakukan, bahkan pekerjaan-pekerjaan yang lebih besar dari pada itu. Sebab Aku pergi kepada Bapa." Kerana saya percaya dengan firman Tuhan 100%, selepas saya dipanggil untuk menjadi haba Tuhan, saya berdoa dan berpuasa selama beberapa hari untuk menerima kuasaNya. Kesannya, testimoni penyembuhan penyakit moden yang tidak dapat disembuhkan oleh sains perubatan begitu banyak sejak penubuhan gereja Manmin.

Setiap kali gereja ini melepasi ujian rahmat, kelajuan di mana pesakit mendapat penyembuhan bertambah dan penyakit yang lebih kritikal telah dapat disembuhkan. Melalui Perjumpaan Kebangkitan Khas Dua Minggu yang diadakan dari tahun 1993 hingga 2004 dan Perhimpunan Bersatu Besar di seluruh dunia, ramai orang di seluruh dunia telah mengalami kuasa Tuhan yang menakjubkan.

Antara beberapa contoh di mana seseorang telah berdiri, melompat, dan berjalan, termasuklah yang berikut.

Berdiri Setelah Sembilan Tahun Berkerusi Roda

Testimoni pertama adalah daripada Paderi Yoonsup Kim. Pada bulan Mei 1990, dia jatuh dari ketinggian anggaran bangunan lima tingkat semasa melakukan kerja elektrik di Bandar Sains Taedok, di Korea Selatan. Hal ini berlaku sebelum Kim mula percaya kepada Tuhan.

Sejurus selepas jatuh, dia dibawa ke Hospital Sun di Yoosung, Wilayah Choongnam, di mana dia koma selama enam bulan. Namun selepas sedar daripada koma, kesakitan tekanan dan pecah pada vertebra toraks ke-11 dan 12 serta hernia di vertebra lumbar keempat dan kelima amat menyeksakannya. Doktor di hospital memaklumkan Kim bahawa keadaannya adalah kritikal. Dia juga telah beberapa kali dimasukkan ke hospital berlainan. Namun, tanpa sebarang perubahan atau peningkatan dalam keadaannya, Kim kini terlantar dan tidak mampu bergerak. Di sekeliling pinggulnya, Kim terpaksa memakai pendakap untuk tulang belakang setiap masa Selain itu, memandangkan dia tidak boleh baring, dia terpaksa tidur ambil duduk.

Pada masa sukar ini, Kim telah mendapat hidayat dan datang ke Manmin, di mana dia memulakan kehidupan dalam Kristus. Semasa dia menghadiri Perjumpaan Khas untuk Penyembuhan Suci pada bulan November 1998, Kim telah mengalami sesuatu yang menakjubkan. Sebelum Perjumpaan ini, dia dia mampu berbaring menelentang atau menggunakan tandas sendiri.

*"Kaki dan pinggul saya yang kaku...
hati saya yang kaku...*

*saya tidak mampu berbaring,
saya tidak mampu berjalan...
kepada siapa saya dapat mengadu?*

*Siapa akan menerima saya?
Bagaimana saya dapat*

Paderi Yoonsup Kim
yang memakai pendakap belakang dan keruk...

*"Hallelujah!
Tuhan memang hidup!
Dapatkah anda lihat saya berjalan?"*

Paderi Kim meraikan dengan ahli Manmin lain selepas menerima penyembuhan melalui doa Dr. Jaerock Lee

Selepas menerima doa saya, dia dapat bangun daripada kerusi rodanya dan berjalan menggunakan tongkat.

Untuk menerima penyembuhan sepenuhnya, Paderi Kim dengan tekun menghadiri semua jemaah doa dan perjumpaan dan tidak pernah berhenti berdoa. Selain itu, dengan keinginan mendalam dan sebagai persediaan bagi Perjumpaan Kebangkitan Khas Dua Minggu yang Ketujuh pada bulan Mei 1999, dia berpuasa selama 21 hari. Semasa saya berdoa untuk orang sakit dari mimbar semasa sesi pertama Perjumpaan, Paderi Kim berasakan ada sinaran cahaya yang kuat yang menyinarinya dan melihat visi dirinya sedang berlari. Pada minggu kedua Perjumpaan, apabila saya meletakkan tangan dan berdoa untuknya, dia dapat rasakan bahawa tubuhnya menjadi lebih ringan. Apabila api Roh Kudus berada pada kakinya, dia telah diberikan kekuatan yang tidak diketahui berpunca dari mana. Dia melemparkan pendakap yang menyokong tulang belakang dan topangnya, berjalan tanpa sebarang kesukaran dan menggerakkan pinggulnya tanpa sebarang masalah.

Dengan kuasa Tuhan, Paderi Kim dapat berjalan seperti orang lain. Dia juga dapat menunggang basikal dan berkhidmat dengan tekun di gereja. Selain itu, baru-baru ini Paderi Kim telah berkahwin dan kini menjalani kehidupan yang benar-benar gembira.

Bangun daripada Kerusi Roda Selepas Menerima Doa Sapu Tangan

Di Manmin, kejadian menakjubkan yang dicatatkan dalam Alkitab dan keajaiban berlaku; melaluinya Tuhan diagungkan dengan lebih tinggi lagi. Antara kejadian dan keajaiban yang berlaku adalah manifestasi kuasa Tuhan melalui sapu tangan.

Dalam Kisah Para Rasul 19:11-12 kita lihat bahawa "Oleh Paulus Tuhan mengadakan mukjizat-mukjizat yang luar biasa, bahkan orang membawa sapu tangan atau kain yang pernah dipakai oleh Paulus dan meletakkannya atas orang-orang sakit, maka lenyaplah penyakit mereka dan keluarlah roh-roh jahat." Sama juga, apabila orang ramai mengambil sapu tangan yang telah saya doakan atau apa-apa objek lain pada badan saya dan diberikan kepada orang sakit, kerja penyembuhan yang menakjubkan berlaku. Sebagai kesannya, banyak negara dan manusia di seluruh dunia telah meminta kami menjalankan perhimpunan sapu tangan di wilayah mereka sendiri. Selain itu, ramai orang di negara- negara Afrika, Pakistan, Indonesia, Filipina, Honduras, Jepun, China, Rusia, dan banyak lagi juga sedang mengalami "keajaiban menakjubkan".

Pada bulan April 2001, salah seorang paderi Manmin menjalankan perhimpunan sapu tangan di Indonesia, di mana ramai orang menerima penyembuhan dan mengagungkan Tuhan yang hidup. Sala seorang daripada mereka adalah bekas gabenor negeri, yang terpaksa bergantung kepada kerusi roda. Apabila dia disembuhkan melalui doa sapu tangan, ia menjadi satu berita sensasi.

Pada bulan Mei 2003, seorang lagi paderi Manmin menjalankan perhimpunan sapu tangan di China, yang mana, antara banyak-banyak kejadian penyembuhan, ada seorang lelaki yang bergantung kepada topang selama 34 tahun telah mampu berjalan sendiri.

Ganesh Melemparkan Topangnya pada Festival Doa Penyembuhan Keajaiban 2002 di India

Di Festival Doa Penyembuhan Keajaiban 2002 di India, yang berlangsung di Pantai Marina di Chennai, di negara India yang kebanyakannya beragama Hindu, lebih daripada tiga juta orang berkumpul, menyaksikan sendiri kerja kuasa Tuhan yang menakjubkan, dan ramai orang bertukar agama kepada Kristian. Sebelum perhimpunan ini, kerja penyembuhan yang melonggarkan tulang yang ketat dan menghidupkan semula saraf yang mati berlaku secara perlahan. Bermula dengan Perhimpunan India, kerja penyembuhan bertambah pantas dan menyangkal turutan biologi tubuh manusia.

Antara yang menerima penyembuhan ialah seorang remaja lelaki berumur 16 tahun yang bernama Ganesh. Dia telah jatuh

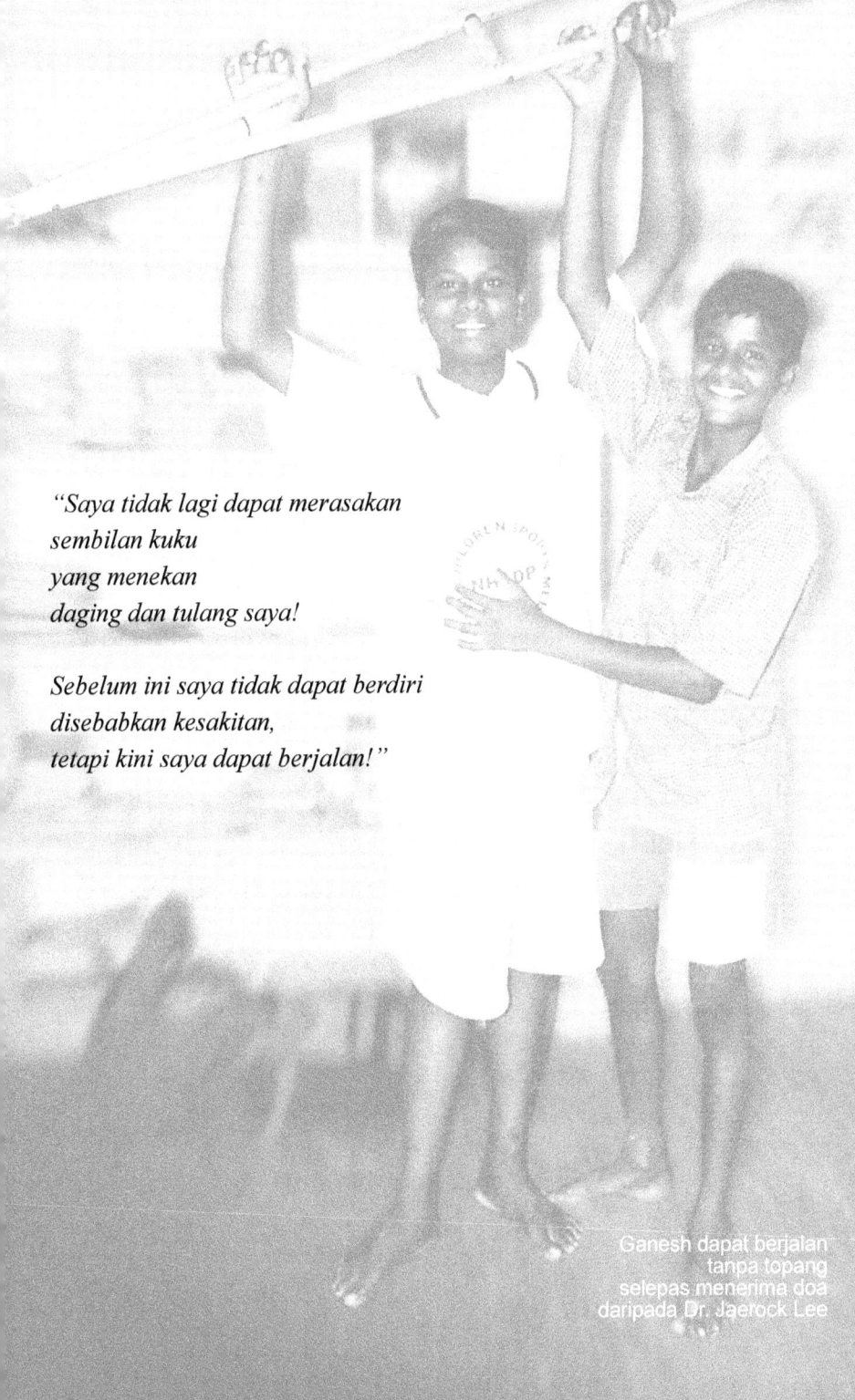

daripada basikal dan tulang pelvis kanannya tercedera. Keadaan kewangan yang tidak mengizinkan menghalangnya daripada menerima rawatan perubatan yang sepatutnya. Selepas setahun, suatu ketumbuhan wujud di tulangnya dan dia terpaksa membuang tulang pelvis kanannya. Doktor memasang papan besi nipis di tulang pahanya dan tulang pelvis yang masih ada, dan mengetatkan papan ini dengan sembilan paku. Kesakitan yang amat sangat akibat paku ini membuatkan mustahil baginya untuk berjalan turun dan naik tangga atau berjalan tanpa topang.

Apabila dia mendengar tentang perhimpunan ini, Ganesh menghadirinya dan mengalami kerja berapi Roh Kudus. Pada hari kedua perhimpunan empat hari ini, semasa dia menerima "Doa untuk Orang Sakit", dia berasakan tubuhnya menjadi panas, seolah-olah sedang berada dalam periuk air menggelegak, dan tidak lagi merasakan kesakitan pada tubuhnya. Dia dengan serta-merta naik ke pentas dan memberikan testimoni tentang penyembuhannya. Sejak itu, dia tidak berasakan kesakitan lagi pada tubuhnya, tidak lagi menggunakan topang, dan dapat berjalan dan berlari dengan bebas.

Seorang Wanita Berdiri Daripada Kerusi Roda di Dubai

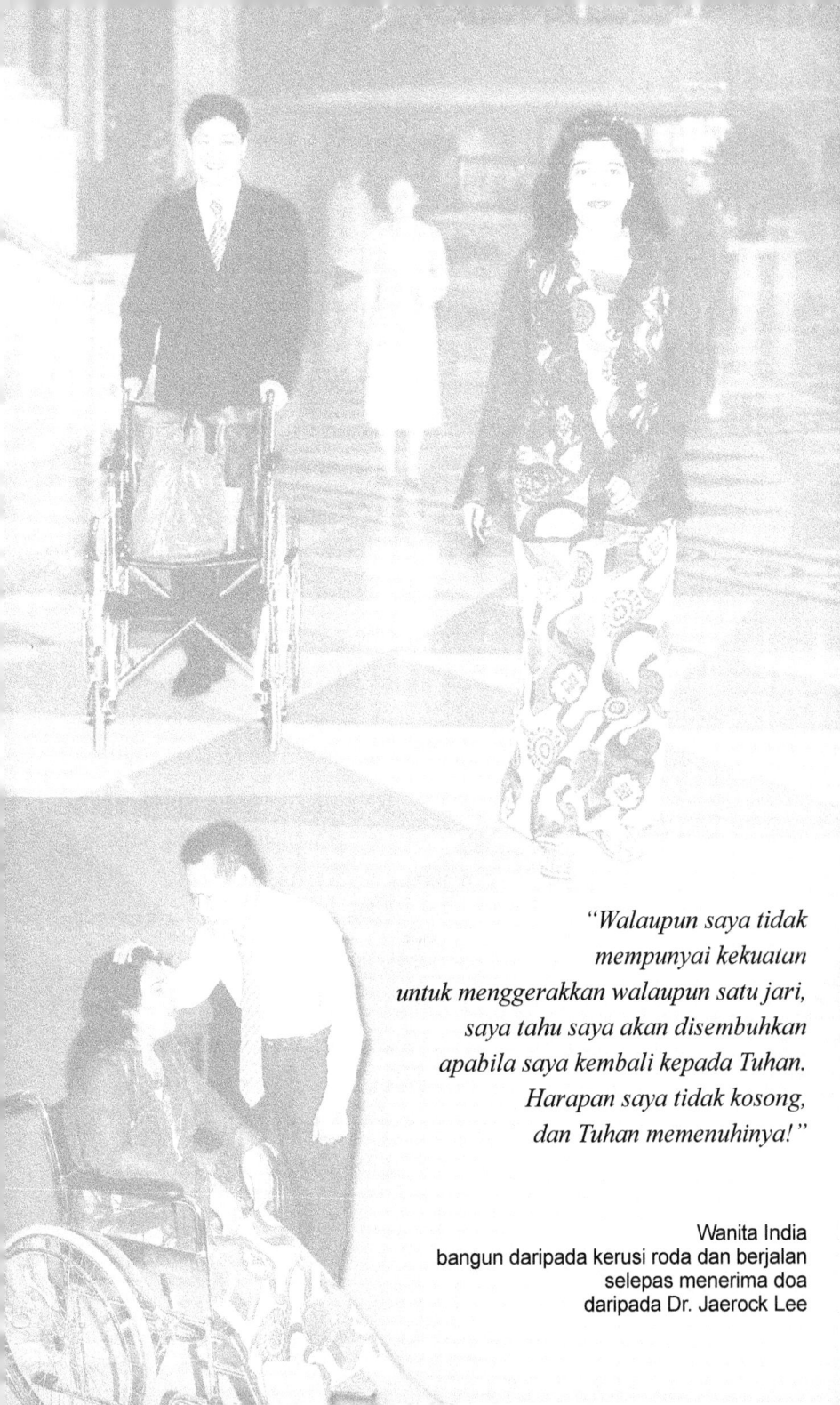

"Walaupun saya tidak mempunyai kekuatan untuk menggerakkan walaupun satu jari, saya tahu saya akan disembuhkan apabila saya kembali kepada Tuhan. Harapan saya tidak kosong, dan Tuhan memenuhinya!"

Wanita India bangun daripada kerusi roda dan berjalan selepas menerima doa daripada Dr. Jaerock Lee

Pada bulan April 2003, semasa saya berada di Dubai di Emiriah Arab Bersatu, seorang wanita India berdiri daripada kerusi rodanya sebaik sahaja menerima doa saya. Dia seorang wanita bijak yang pernah belajar di Amerika Syarikat. Disebabkan masalah peribadi, dia mengalami kejutan mental, serta kesan selepas mengalami kemalangan dan komplikasi.

Kali pertama saya melihat wanita ini, dia tidak mampu berjalan, tidak mempunyai kekuatan untuk bercakap, malah tidak mampu mengutip cermin matanya yang terjatuh. Dia juga menyatakan yang dia terlalu lemah untuk menulis atau memegang segelas air. Apabila orang lain menyentuhnya, dia akan berasa kesakitan yang amat sangat. Namun, selepas menerima doa, wanita ini dengan serta-merta berdiri daripada kerusi rodanya. Saya sendiri berasa kagum dengan wanita ini, yang tidak mempunyai kekuatan untuk bercakap sehinggalah beberapa minit yang lalu, dan memerhatikannya yang sedang mengemaskan barang dan berjalan keluar daripada bilik.

Yeremia 29:11 menyatakan, "'Sebab Aku ini mengetahui rancangan-rancangan apa yang ada padaKu mengenai kamu, demikianlah firman TUHAN, iaitu rancangan damai sejahtera dan bukan rancangan kecelakaan, untuk memberikan kepadamu hari depan yang penuh harapan.'" Tuhan Bapa amat mengasihi kita dan Dia dengan rela menyerahkan satu-satunya AnakNya.

Oleh itu, walaupun anda telah menjalani kehidupan yang amat menyeksakan disebabkan kekurangan fizikal, anda mempunyai harapan untuk menjalani kehidupan yang gembira dan sihat, dengan keimanan terhadap Tuhan Bapa. Dia tidak mahu melihat anak-anakNya berdepan dengan dugaan dan cubaan. Selain itu, Dia mahu memberikan semua orang di dunia ini keamanan, kegembiraan, keseronokan dan masa hadapan.

Melalui kisah orang lumpuh dalam Markus 2, anda telah mengetahui jalan dan cara dengan mana anda akan dapat menerima jawapan bagi setiap keinginan dalam hati anda. Semoga setiap daripada anda menyediakan bekas keimanan dan menerima apa sahaja yang anda minta, dengan nama Yesus Kristus saya berdoa!

Pesanan 8
Orang Akan bergembira, Menari dan Menyanyi

Markus 7:31-37

Kemudian Yesus meninggalkan pula daerah Tirus, dan dengan melalui Sidon pergi ke danau Galilea, di tengah-tengah daerah Dekapolis.
Di situ orang membawa kepadaNya seorang yang tuli dan yang gagap, dan memohon kepadaNya, supaya Ia meletakkan tanganNya atas orang itu.
Dan sesudah Yesus memisahkan dia dari orang banyak, sehingga mereka sendirian, Ia memasukkan jariNya ke telinga orang itu, lalu Ia meludah, dan meraba lidah orang itu;
Kemudian sambil menengadah ke langit Yesus menarik nafas, dan berkata kepadanya: "Efata!", ertinya: Terbukalah!
Maka terbukalah telinga orang itu, dan seketika itu terlepas pulalah pengikat lidahnya, lalu ia berkata-kata dengan baik.
Yesus berpesan kepada orang-orang yang ada di situ supaya jangan menceritakannya kepada siapapun juga; Tetapi makin dilarangNya mereka, makin luas mereka memberitakannya.
Mereka takjub dan tercengang dan berkata, "Ia menjadikan segala-galanya baik; yang tuli dijadikanNya mendengar, yang bisu dijadikanNya berkata-kata."

Kita dapati yang seterusnya dalam Matius 4:23-24:

Yesus pun berkeliling di seluruh Galilea; Ia mengajar dalam rumah-rumah ibadat dan memberitakan Injil Kerajaan Tuhan serta melenyapkan segala penyakit dan kelemahan di antara bangsa itu. Maka tersiarlah berita tentang Dia di seluruh Siria dan dibawalah kepadaNya semua orang yang buruk keadaannya, yang menderita pelbagai penyakit dan sengsara, yang kerasukan, yang sakit ayan dan yang lumpuh, lalu Yesus menyembuhkan mereka.

Yesus bukan sahaja menyebarkan ajaran Tuhan dan berita baik kerajaan, malah menyembuhkan ramai orang yang menderita pelbagai jenis penyakit. Dengan menyembuhkan penyakit yang tidak dapat disembuhkan oleh kuasa manusia, firman yang disampaikan Yesus tertanam dalam hati manusia, dan Dia memimpin mereka ke syurga dengan keimanan mereka.

Yesus Menyembuhkan Lelaki yang Pekak dan Bisu

Dalam Markus 7 ada kisah tentang Yesus yang mengembara dari Tirus ke Sidon, dan dari sana Dia mengembara ke laut

Galilea dan masuk ke kawasan Dekapolis, lalu menyembuhkan seorang lelaki yang pekak dan bisu. Jika seseorang "mempunyai kesukaran bercakap," ini bermakna dia gagap dan tidak dapat bertutur dengan baik. Lelaki yang diceritakan dalam kisah ini mungkin pernah belajar bercakap semasa kecil, tetapi dia menjadi bisu kemudian, dan kini "mempunyai kesukaran bercakap".

Lazimnya, orang yang "tuli" adalah seseorang yang tidak pernah mempelajari bahasa dan bercakap kerana dia pekak, manakala "bradyacusia" merujuk kepada kesukaran dalam mendengar. Ada beberapa cara seseorang boleh menjadi pekak dan bisu, atau tuli. pertama, faktor keturunan. Dalam kes kedua, seseorang dilahirkan pekak dan bisu jika ibunya menghidap rubella (atau "demam Jerman") atau mengambil ubat yang salah semasa mengandung. Dalam kes ketiga, jika kanak-kanak menghidap meningitis semasa berumur tiga atau empat tahun, semasa dia mula belajar bercakap, dia boleh jadi bisu dan pekak. Dalam kes bradyacusia, jika gegendang telinga telah pecah, alat bantu pendengaran dapat membantu. Jika ada masalah dengan saraf auditori sendiri, alat bantu pendengaran tidak akan membantu. Bagi kes lain di mana seseorang bekerja dalam persekitaran yang bising atau pendengaran yang lemah berlaku apabila usia meningkat tua, dikatakan tiada cara untuknya menyembuhkannya.

Selain itu, seseorang boleh menjadi bisu atau pekak jika dia dirasuki syaitan. Dalam kes begini, jika seseorang yang mempunyai kuasa rohani menghalau keluar roh jahat, orang ini akan dapat mendengar dan bercakap semula dengan serta-merta. Dalam Markus 9:25-27, apabila Yesus memarahi roh jahat dalam seorang budak lelaki yang tidak dapat bercakap, "Hai kau roh yang menyebabkan orang menjadi bisu dan tuli, Aku memerintahkan engkau, keluarlah dari pada anak ini dan jangan memasukinya lagi," (ayat 25), roh jahat meninggalkan anak ini dan dia menjadi sihat semula.

Percayalah apabila Tuhan bekerja, tiada penyakit dan kelemahan akan menjadi masalah atau ancaman kepada anda. Ini yang kita dapati dalam Yeremia 32:27, "Sesungguhnya, Akulah TUHAN, Tuhan segala makhluk; adakah sesuatu apapun yang mustahil untukKu?" Mazmur 100:3 menggesa kita "Ketahuilah, bahawa Tuhanlah Tuhan; Dialah yang menjadikan kita dan punya Dialah kita, umatNya dan kawanan domba gembalaanNya," manakala Mazmur 94:9 mengingatkan kita, " Dia yang menanamkan telinga, masakan tidak mendengar? Dia yang membentuk mata, masakan tidak memandang?" Apabila kita percaya dengan Tuhan Bapa yang Maha Wujud yang menciptakan telinga dan mata kita, dari lubuk hati, tiada apa yang mustahil. Itu sebabnya, bagi Yesus yang datang ke dunia sebagai darah daging, tiada apa yang mustahil. Seperti yang kita baca dalam Markus 7, apabila Yesus menyembuhkan orang yang bisu dan pekak, telinganya dibuka dan kata-kata Yesus dapat difahami.

Apabila kita bukan hanya percaya kepada Yesus Kristus malah juga meminta kepada Tuhan dengan keimanan yang matang, kerja yang sama yang dicatatkan dalam Alkitab akan berlaku, walaupun pada hari ini. Berkenaan ini, Ibrani 13:8 menyatakan, "Yesus Kristus tetap sama, baik kelmarin mahupun hari ini dan sampai selama-lamanya," manakala Efesus 4:13 mengingatkan kita bahawa kita perlu "mencapai kesatuan iman dan pengetahuan yang benar tentang Anak Tuhan, kedewasaan penuh, dan tingkat pertumbuhan yang sesuai dengan kepenuhan Kristus."

Namun, degenerasi bahagian tubuh atau kepekakan dan kebisuan kesan kematian sel saraf tidak dapat disembuhkan dengan kurniaan penyembuhan. Hanya apabila seorang individu, telah mencapai tahap sepenuhnya kepenuhan Yesus Kristus, menerima kuasa dan kekuasaan daripada Tuhan, serta berdoa menurut kehendak Tuhan, barulah penyembuhan akan berlaku.

Contoh Penyembuhan Tuhan untuk Orang Pekak di Manmin

Saya telah menyaksikan banyak contoh di mana bradyacusia

Lagu mengucapkan kesyukuran
oleh orang
yang telah sembuh daripada kepekakan

*"Dengan hidup
yang telah Engkau berikan kepada
kami,
kami akan berjalan
di dunia ini
dan menginginkan*

*Jiwa saya yang
datang kepada*

Paderi Napshim Park mengagungkan Tuhan selepas sembuh
daripada pekak selama 55 tahun

disembuhkan, dan ramai orang yang tidak dapat mendengar sejak lahir, mula mendengar buat kali pertama. Ada dua orang yang dapat mendengar buat kali pertama sejak 55 dan 57 tahun lalu.

Pada bulan September 2000, semasa saya menjalankan Festival Penyembuhan Keajaiban di Nagoya, Jepun, 13 orang yang telah menderita akibat masalah pendengaran menerima penyembuhan sejurus selepas mereka menerima doa saya. Berita ini tersebar kepada ramai orang yang mempunyai masalah pendengaran di Korea, dan ramai antara mereka menghadiri Perjumpaan Kebangkitan Khas Dua Minggu ke sembilan pada bulan Mei 2001, menerima penyembuhan, dan mengagungkan Tuhan.

Antara mereka adalah seorang wanita berusia 33 tahun, yang pekak dan bisu sejak mengalami kemalangan semasa berusia lapan tahun. Selepas dibawa ke gereja kami sejurus sebelum Perjumpaan 2001 ini, dia telah menyediakan dirinya untuk menerima jawapan. Dia menghadiri "Perjumpaan Doa Daniel" harian, dan mengenangkan dosa-dosa silamnya, dia menyerahkan hatinya. Selepas menyediakan diri untuk Perjumpaan Kebangkitan dengan penuh keinginan, dia menghadiri Perjumpaan ini. Semasa sesi terakhir Perjumpaan, apabila saya meletakkan tangan kepada orang pekak dan bisu untuk berdoa bagi pihak mereka, dia tidak mengalami apa-apa perubahan serta-merta. Namun, dia tidak kecewa. Sebaliknya, dia melihat testimoni orang yang telah menerima penyembuhan dengan suka cita dan kesyukuran, dan mempunyai keyakinan yang kukuh bahawa dia juga dapat disembuhkan.

Tuhan melihat ini sebagai keimanan dan menyembuhkan wanita ini selepas Perjumpaan berakhir, Saya telah melihat kerja berkuasa Tuhan dimanifestasikan walaupun selepas Perjumpaan berakhir. Selain itu, ujian pendengaran yang dilakukannya membuktikan bahawa penyembuhan sepenuhnya berlaku terhadap kedua-dua belah telinga. Haleluyah!

Orang yang Pekak Sejak Lahir Menerima Penyembuhan

Bilangan penyembuhan yang berlaku disebabkan kuasa Tuhan bertambah tahun demi tahun. Pada Perhimpunan Penyembuhan Keajaiban Honduras 2002, ramai orang yang pekak dan bisu dapat bercakap dan mendengar. Apabila anak perempuan ketua pegawai keselamatan semasa perhimpunan ini disembuhkan daripada pekak sejak lahir, dia menjadi amat teruja dan bersyukur.

Salah satu daripada telinga Madeline Yaimin Bartres yang berumur lapan tahun tidak berkembang dengan betul dan dia akhirnya hilang pendengaran. Apabila mendengar tentang perhimpunan ini, Madeline merayu kepada bapanya untuk membawanya ke sana. Dia menerima banyak kasih kurnia semasa sesi puji-pujian, dan selepas menerima doa saya untuk semua orang sakit, dia mula dapat mendengar dengan jelas. Melihatkan bapanya yang bekerja dengan penuh keimanan untuk perhimpunan ini, Tuhan merahmati anaknya dengan cara ini.

Pada Festival Doa Penyembuhan Keajaiban India 2002, Jennifer Membuka Alat Bantu Pendengaran

Walaupun kami tidak dapat mencatatkan semua testimoni penyembuhan semasa dan selepas Perhimpunan India, hanya dengan beberapa kisah yang ada, kami mengucapkan kesyukuran dan memberikan keagungan kepada Tuhan. Antara kes ini adalah kisah seorang gadis bernama Jennifer, yang pekak dan bisu sejak lahir. Seorang doktor mencadangkan agar dia memakai alat bantu pendengaran yang dapat meningkatkan pendengarannya sedikit, tetapi mengingatkannya bahawa ini bukanlah sempurna.

Ibu Jennifer berdoa setiap hari supaya anaknya disembuhkan, dan mereka menghadiri perhimpunan. Ibu dan anak duduk berdekatan salah sebuah alat pembesar suara kerana walaupun dekat dengan alat pembesar suara, Jennifer tidak akan berasa terganggu. Namun, pada hari terakhir perhimpunan, disebabkan

Jennifer disembuhkan daripada pekak sejak lahir dan membuktikan penilaian doktornya silap

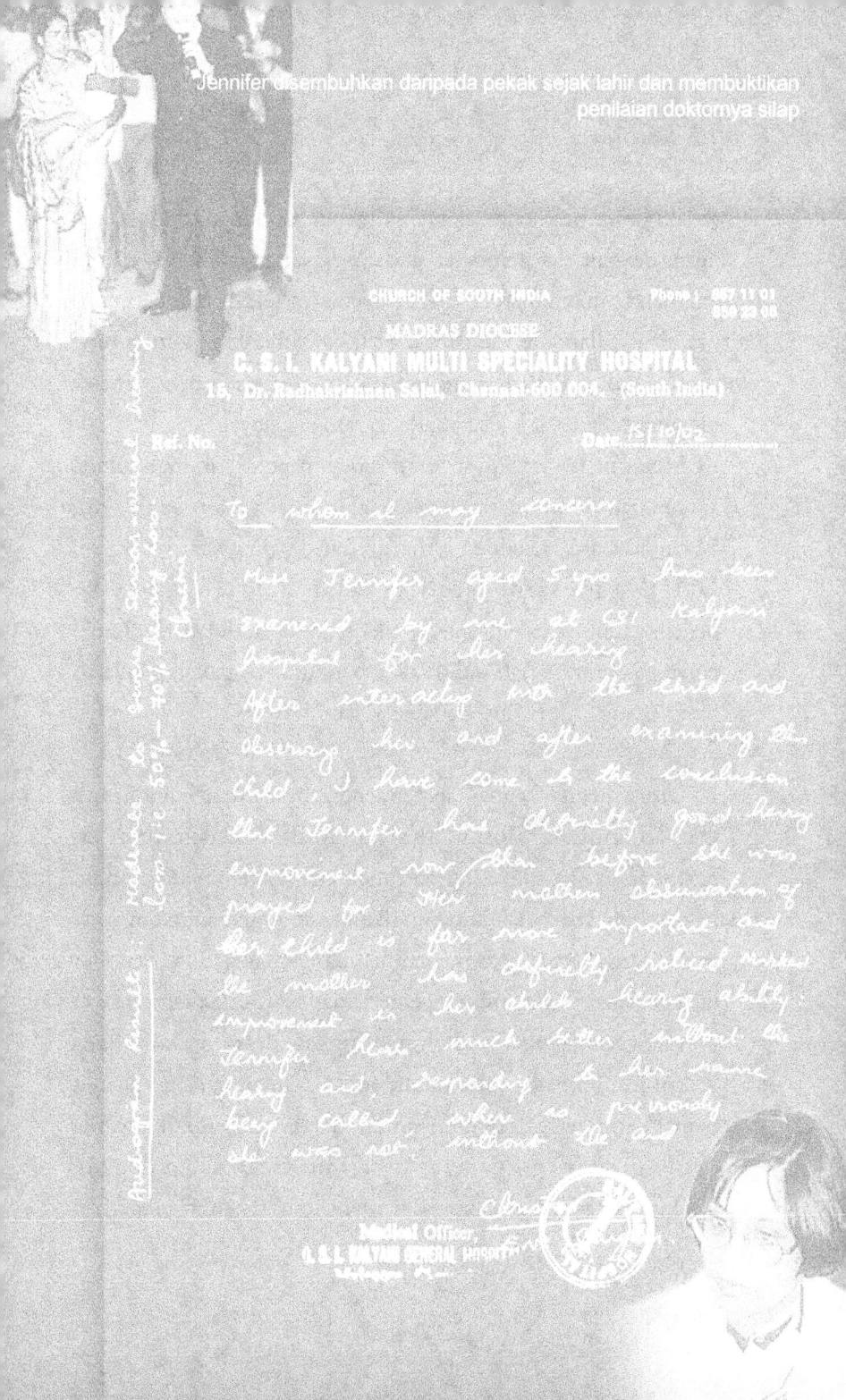

CHURCH OF SOUTH INDIA   Phone : 857 11 01
MADRAS DIOCESE   850 23 06
C. S. I. KALYANI MULTI SPECIALITY HOSPITAL
15, Dr. Radhakrishnan Salai, Chennai-600 004. (South India)

Ref. No. _____ Date 15/10/02

To whom it may concern

Miss Jennifer aged 5 yrs has been examined by me at CSI Kalyani Hospital for her hearing.

After interacting with the child and observing her and after examining the child, I have come to the conclusion that Jennifer has definitely good hearing improvement now than before she was prayed for. Her mother's observation of her child is far more important and the mother has definitely noticed marked improvement in her child's hearing ability. Jennifer hears much better without the hearing aid, responding to her name being called when as previously she was not without the aid

Medical Officer,
C. S. I. KALYANI GENERAL HOSPITAL

terlalu ramai orang, mereka tidak mendapat tempat duduk yang dekat dengan alat pembesar suara. Apa yang berlaku seterusnya amatlah menakjubkan. Sebaik sahaja saya selesai berdoa untuk orang sakit dari atas mimbar, Jennifer memberitahu ibunya yang semua bunyi ini terlalu kuat dan meminta ibunya untuk menanggalkan alat bantu pendengaran. Haleluyah!

Menurut laporan perubatan sebelum penyembuhan, tanpa alat bantu pendengaran, pendengaran Jennifer tidak akan bertindak balas walaupun terhadap bunyi paling kuat sekalipun. Dalam kata lain, Jennifer telah kehilangan 100% pendengarannya, tetapi selepas menerima doa, didapati 30-50% pendengarannya telah pulih. Yang berikut merupakan penilaian pakar telinga, Christina, berkenaan Jennifer:

> untuk menilai keupayaan pendengaran Jennifer, 5 tahun, saya memeriksanya di Hospital Kalyani Multi Speciality. Selepas bercakap dengan Jennifer dan memeriksanya, saya membuat kesimpulan bahawa ada peningkatan yang menakjubkan pada pendengarannya selepas menerima doa. Pandangan ibu Jennifer juga penting. Dia membuat pemerhatian yang sama seperti saya: Pendengaran Jennifer telah meningkat secara drastik. Pada waktu ini, Jennifer dapat mendengar dengan baik tanpa alat bantu pendengaran dan bertindak balas dengan baik apabila orang memanggil namanya. Hal ini tidak sama dengan keadaannya tanpa alat bantu pendengaran, sebelum menerima

doa.

Bagi orang yang menyediakan hati mereka dengan keimanan, kuasa Tuhan tanpa ragu-ragu akan diperlihatkan. Tentu sekali, ada banyak contoh di mana keadaan pesakit bertambah baik dari sehari ke sehari apabila mereka menjalani kehidupan yang benar dalam Kristus.

Lazimnya, Tuhan tidak memberikan penyembuhan sepenuhnya pada kali pertama bagi orang yang pekak sejak kecil. Jika mereka dapat mendengar dengan baik pada saat mereka disembuhkan, sukar bagi mereka untuk menangani semua bunyi ini. Jika seseorang pekak selepas mereka telah dewasa, Tuhan mungkin akan menyembuhkan mereka sepenuhnya pada masa itu juga kerana mereka tidak akan memerlukan masa yang lama untuk menyesuaikan diri dengan bunyi. Dalam kes begini, orang ini mungkin akan keliru seketika tetapi selepas sehari dua, mereka akan tenang dan akan membiasakan diri dengan keupayaan untuk mendengar.

Pada bulan April 2003, semasa saya ke Dubai Emiriah Arab Bersatu, saya bertemu dengan seorang wanita berusia 32 tahun yang tidak dapat bercakap selepas menghidap meningitis serebral semasa berusia dua tahun. Sejurus selepas menerima doa saya, dia dengan jelas berkata, "Terima kasih!" Saya memikirkan kata-katanya sebagai satu ucapan penghargaan, tetapi ibu bapanya menyatakan bahawa sudah 30 tahun anak mereka tidak mengucapkan "Terima kasih!"

Untuk Mengalami Kuasa Yang Membolehkan Orang Bisu Bercakap dan Orang Pekak Mendengar

Dalam Markus 7:33-35 ada dinyatakan:

Dan sesudah Yesus memisahkan dia dari orang banyak, sehingga mereka sendirian, Ia memasukkan jariNya ke telinga orang itu, lalu Ia meludah dan meraba lidah orang itu. Kemudian sambil menengadah ke langit Yesus menarik nafas dan berkata kepadanya: "Efata!", ertinya: Terbukalah!' Maka terbukalah telinga orang itu dan seketika itu terlepas pulalah pengikat lidahnya, lalu ia berkata-kata dengan baik.

Di sini, "Ephphatha" bermakna "Buka" dalam bahasa Ibrani. Apabila Yesus memerintahkan dalam bahasa asal penciptaan, telinga lelaki ini terbuka dan lidahnya terlepas daripada pengikat.

Jadi, mengapakah Yesus memasukkan jarinya ke dalam telinga lelaki ini sebelum menyatakan, "Ephphatha"? Roma 10:17 menyatakan, "Jadi, iman timbul dari pendengaran, dan pendengaran oleh firman Kristus." Memandangkan lelaki ini tidak dapat mendengar, bukan mudah untuk dirinya memiliki keimanan. Selain itu, dia tidak dapat bertemu Yesus untuk menerima penyembuhan. Sebaliknya, beberapa orang telah membawa lelaki ini untuk bertemu Yesus. Dengan meletakkan jariNya ke dalam telinga lelaki ini, Yesus membantunya memiliki keimanan melalui deria rasa jariNya.

Hanya apabila kita memahami makna rohani yang terkandung dalam kisah yang mana Yesus memperlihatkan kuasa Tuhan, barulah dapat kita mengalami kuasaNya. Apakah langkah spesifik yang perlu kita ambil?

Pertama sekali, kita mesti memiliki keimanan untuk menerima penyembuhan.

Walaupun keimanan ini sedikit, orang yang mahu menerima penyembuhan mesti memiliki keimanan. Namun, tidak seperti pada zaman Yesus dan disebabkan kemajuan tamadun manusia, ada banyak cara, termasuklah bahasa isyarat, dengan mana orang yang pekak pun mampu belajar tentang agama. Bermula beberapa tahun lalu, semua mesej ceramah agama telah diterjemahkan secara serentak ke dalam bahasa isyarat di Manmin. Mesej yang terdahulu juga sedang dikemas kini secara berterusan dalam bahasa isyarat di aman web kami.

Selain itu, dengan banyak cara lain, termasuk buku, akhbar,

majalah serta pita kaset audio dan video, anda dapat memiliki keimanan selagi anda mempunyai keinginan. Apabila keimanan ini dapat dicapai, anda akan mengalami kuasa Tuhan. Saya telah menyebutkan beberapa testimoni sebagai satu cara untuk membantu anda memiliki keimanan.

Seterusnya, kita perlu menerima pengampunan.

Mengapakah Yesus berludah dan menyentuh lidah lelaki ini selepas Dia meletakkan jariNya ke dalam telinga? Hal ini secara rohani melambangkan pembaptisan dengan air dan perlu dilakukan untuk mengampunkan dosa lelaki ini. Pembaptisan dengan air bermakna bahawa dengan firman Tuhan yang seperti air bersih, kita akan dibersihkan daripada semua dosa kita. Untuk mengalami kuasa Tuhan, kita pertama sekali perlu menyelesaikan masalah dosa. Yesus tidak membersihkan kekotoran lelaki ini dengan air, malah sebaliknya menggantikannya dengan air liurNya, dan melambangkan pengampunan telah diberikan kepada lelaki ini. Yesaya 59:1-2 memberitahu kita, "Sesungguhnya, tangan TUHAN tidak kurang panjang untuk menyelamatkan, dan pendengaranNya tidak kurang tajam untuk mendengar. Tetapi yang merupakan pemisah antara kamu dan Tuhanmu ialah segala kejahatanmu, dan yang membuat Dia menyembunyikan diri terhadap kamu, sehingga Ia tidak mendengar, ialah segala dosamu."

Seperti yang Tuhan janjikan kepada kita dalam 2 Tawarikh 7:14, "Dan umatKu, yang atasnya namaKu disebut, merendahkan diri, berdoa dan mencari wajahKu, lalu berbalik dari jalan-jalannya yang jahat, maka Aku akan mendengar dari syurga dan mengampuni dosa mereka, serta memulihkan negeri mereka," untuk menerima jawapan daripada Tuhan, anda perlu menilai semula diri sendiri dengan jujur, merendahkan hati dan bertaubat.

Apakah yang perlu kita bertaubat di hadapan Tuhan?

Pertama, anda perlu bertaubat kerana tidak mempercayai Tuhan dan menerima Yesus Kristus. Dalam Yohanes 16:9, Yesus memberitahu kita bahawa Roh Kudus akan menyabitkan dunia atas kesalahan berkenaan dosa, kerana manusia tidak percaya kepada Tuhan. Anda mesti sedar bahawa menidakkan Yesus adalah satu dosa, dan oleh itu anda perlu percaya kepada Yesus dan Tuhan.

Kedua, jika anda tidak mengasihi saudara sendiri, anda mesti bertaubat. 1 Yohanes 4:11 menyatakan, "Saudara-saudaraku yang kekasih, jikalau Tuhan sedemikian mengasihi kita, maka haruslah kita juga saling mengasihi." Jika saudara anda membenci anda, anda mesti bertoleransi dan memaafkan dan bukannya membencinya juga. Anda juga mesti mengasihi musuh, mengutamakan kepentingannya, dan berfikir serta bertindak seperti anda berada dalam situasinya. Apabila anda mengasihi semua orang, Tuhan juga akan menunjukkan belas kasihan, belas ihsan, dan kerja penyembuhan kepada anda.

Ketiga, jika anda telah berdoa untuk kepentingan diri sendiri, anda perlu bertaubat. Tuhan tidak senang dengan orang yang berdoa untuk kepentingan diri sendiri sahaja. Dia tidak akan membalas doa anda. Malah dari sekarang, anda perlu melakukan doa yang menurut kehendak Tuhan.

Keempat, jika anda telah berdoa tetapi mempunyai perasaan ragu-ragu, anda perlu bertaubat. Yakobus 1:6-7 menyatakan, "Hendaklah ia memintanya dalam iman, dan sama sekali jangan bimbang, sebab orang yang bimbang sama dengan gelombang laut, yang diumbang-ambingkan kian ke mari oleh angin. Orang yang demikian janganlah mengira, bahawa ia akan menerima sesuatu dari Tuhan." Jadi, apabila kita berdoa, kita mesti berdoa dengan keimanan dan menyenangkan hati Tuhan. Selain itu, Ibrani 11:6 mengingatkan kita, "Tetapi tanpa iman tidak mungkin orang berkenan kepada Tuhan," buangkan perasaan ragu-ragu dan hanya meminta dengan keimanan.

Kelima, jika anda tidak mematuhi perintah Tuhan, anda mesti bertaubat. Seperti yang Yesus nyatakan dalam Yohanes 14:21, "Barang siapa memegang perintahKu dan melakukannya, dialah yang mengasihi Aku. Dan barang siapa mengasihi Aku, ia akan dikasihi oleh BapaKu dan Aku pun akan mengasihi dia dan akan menyatakan diriKu kepadanya," apabila anda menunjukkan bukti kasih sayang anda kepada Tuhan dengan mematuhi perintahNya, anda akan menerima jawapan daripada Tuhan. Dari semasa ke semasa, orang yang beriman akan mengalami kemalangan jalan raya. Ini kerana kebanyakan daripada mereka tidak menghormati hari Suci Tuhan atau memberikan zakat yang sepatutnya. Memandangkan mereka tidak mematuhi peraturan asas untuk orang Kristian, iaitu 10 Perintah, mereka tidak akan berada di bawah perlindungan Tuhan. Antara orang yang mematuhi perintah Tuhan dengan betul, sesetengah daripada mereka mengalami kemalangan jalan raya disebabkan kesilapan sendiri. Namun, mereka dilindungi oleh Tuhan. Dalam kes begini, orang yang mengalami kemalangan tidak akan cedera walaupun kenderaan mereka remuk, kerana Tuhan mengasihi mereka dan menunjukkan kepada mereka bukti kasih sayangNya.

Selain itu, orang yang tidak mengenali Tuhan selalunya menerima penyembuhan yang cepat selepas menerima doa. Ini kerana kedatangan mereka ke gereja itu sendiri adalah satu tindakan keimanan, dan Tuhan bekerja dalam mereka. Namun, apabila manusia yang mempunyai keimanan dan mengetahui tentang kebenaran tetapi terus tidak patuh dengan perintah Tuhan dan tidak hidup berlandaskan FirmanNya, ini menjadi tembok pemisah antara Tuhan dengan mereka, dan oleh itu mereka tidak akan menerima penyembuhan. Sebab mengapa Tuhan bekerja dengan hebat di kalangan orang yang tidak percaya semasa Perhimpunan Bersatu Besar di luar negara adalah kerana orang yang memuji patung pun telah datang menghadiri perhimpunan apabila mereka mendengar khabar tentangnya, dan ini dianggap sebagai keimanan pada mata Tuhan.

Keenam, jika anda tidak menanam, anda mesti bertaubat. Seperti yang dinyatakan dalam Galatia 6:7, "Kerana apa yang ditabur orang, itu juga yang akan dituainya," untuk mengalami kuasa Tuhan, anda pertama sekali perlu menghadiri jemaah doa dengan tekun. Ingatlah, jika anda menanam dengan tubuh sendiri, anda akan menerima rahmat kesihatan, dan apabila anda menanam dengan harta benda, anda akan menerima rahmat kekayaan. Oleh itu, jika anda mahu menuai tanpa menanam, anda mesti bertaubat.

1 Yohanes 1:7 menyatakan, "Tetapi jika kita hidup di dalam terang sama seperti Dia ada di dalam terang, maka kita beroleh persekutuan seorang dengan yang lain, dan darah Yesus,

AnakNya itu, menyucikan kita dari pada segala dosa." Selain itu, berpegang teguh kepada janji Tuhan dalam 1 Yohanes 1:9, "Jika kita mengaku dosa kita, maka Ia adalah setia dan adil, sehingga Ia akan mengampuni segala dosa kita dan menyucikan kita dari segala kejahatan" pastikan anda menilai diri sendiri, bertaubat dan berjalan dalam cahaya.

Semoga anda menerima belas kasihan Tuhan, menerima jawapan bagi segala permintaan, dan dengan kuasa Tuhan menerima bukan sahaja rahmat kesihatan malah juga rahmat untuk segala urusan dan hal dalam kehidupan, dengan nama Yesus Kristus saya berdoa!

Pesanan 9
Takdir Tuhan yang Tidak Gagal

Ulangan 26:16-19

*Pada hari ini TUHAN, Tuhanmu
memerintahkan engkau melakukan ketetapan dan
peraturan ini.*
*Lakukanlah semuanya itu dengan setia
dengan segenap hatimu dan segenap jiwamu.*
*Engkau telah menerima janji dari pada TUHAN pada
hari ini, bahawa Ia akan menjadi Tuhanmu,
dan engkau pun akan hidup menurut jalan yang
ditunjukkanNya
dan berpegang pada ketetapan,
perintah serta peraturanNya,
dan mendengarkan suaraNya.*
*Dan TUHAN telah menerima janji dari padamu pada
hari ini, bahawa engkau akan menjadi umat
kesayanganNya,
seperti yang dijanjikanNya kepadamu,
dan bahawa engkau akan berpegang pada segala
perintahNya;
dan Ia pun akan mengangkat engkau di atas segala
bangsa yang telah dijadikanNya
untuk menjadi terpuji, ternama dan terhormat;
Maka engkau akan menjadi umat yang kudus
bagi TUHAN, Tuhanmu,
seperti yang dijanjikanNya.*

Jika diminta untuk memilih bentuk kasih sayang paling tinggi, ramai orang akan memilih kasih sayang ibu bapa, terutamanya kasih sayang ibu terhadap anak yang baru lahir. Namun, kita dapat dalam Yesaya 49:15, "Dapatkah seorang perempuan melupakan bayinya, sehingga ia tidak menyayangi anak dari kandungannya? Sekalipun dia melupakannya, Aku tidak akan melupakan engkau." Kasih sayang Tuhan yang melimpah ruah tidak dapat dibandingkan dengan kasih sayang ibu untuk bayinya.

Tuhan kasih sayang mahukan semua orang untuk bukan sahaja mencapai penyelamatan, tetapi juga menikmati kehidupan abadi, dan kesenangan syurga yang menakjubkan. Itu sebabnya Dia menyelamatkan anak-anakNya daripada ujian dan penyakit dan mahu memberikan semua orang segala yang mereka minta. Tuhan juga memimpin kita semua untuk menjalani kehidupan yang dirahmati bukan sahaja di dunia, malah juga kehidupan abadi yang akan datang juga.

Kini, melalui kuasa dan nubuat, Tuhan telah membenarkan kita masuk ke dalam kasih sayangNya, dan kita akan meneliti kehendak Tuhan untuk Gereja Besar Manmin.

Tuhan Kasih Sayang Mahu Menyelamatkan Semua Jiwa

Kita dapati ayat ini dalam 2 Petrus 3:3-4:

Yang terutama harus kamu ketahui ialah, bahwa pada hari-hari zaman akhir akan tampil pengejek-pengejek dengan ejekan-ejekannya, iaitu orang-orang yang hidup menuruti hawa nafsunya. Kata mereka: "Di manakah janji tentang kedatanganNya itu? Sebab sejak bapa-bapa leluhur kita meninggal, segala sesuatu tetap seperti semula, pada waktu dunia diciptakan."

Ramai orang tidak akan percaya kepada kita apabila kita memberitahu mereka tentang akhir zaman. Kerana matahari terus terbit dan terbenam, manusia lahir dan mati, dan tamadun sentiasa bertambah maju, manusia begini secara semula jadi akan menganggap bahawa segala-galanya akan berterusan.

Seperti adanya permulaan dan penamat kehidupan manusia, jika ada permulaan dalam sejarah manusia, tentu akan ada penamat bagi tamadun ini. Apabila masa yang ditetapkan oleh Tuhan tiba, segala-galanya dalam alam semesta akan tamat. Semua manusia yang telah hidup sejak masa Adam akan menerima pengadilan. Bergantung kepada bagaimana seseorang hidup di dunia, dia akan masuk sama ada syurga atau neraka.

Manusia yang percaya terhadap Yesus Kristus dan hidup berpandukan firman Tuhan akan masuk ke syurga. Sebaliknya, manusia yang tidak percaya, walaupun setelah diberitahu akan ajaran, dan orang yang tidak hidup berpandukan firman Tuhan malah sebaliknya hidup dalam dosa dan kejahatan, akan masuk ke neraka walaupun mereka mengakui beriman kepada Yesus Kristus. Itu sebabnya Tuhan mahu menyebarkan ajaran ke seluruh dunia secepat mungkin, supaya seramai mungkin manusia dan jiwa akan dapat menerima penyelamatan.

Kuasa Tuhan Disebarkan Pada Akhir Zaman

Sebab Tuhan menubuhkan Gereja Besar Manmin dan memperlihatkan kuasa yang luar biasa ada di sini. Melalui manifestasi kuasaNya, Tuhan mahu menunjukkan bukti kewujudan Tuhan yang benar, dan menyedarkan manusia tentang realiti syurga dan neraka. Seperti yang dinyatakan oleh Yesus dalam Yohanes 4:48, "Jika kamu tidak melihat tanda dan mukjizat, kamu tidak percaya," terutamanya pada zaman di mana dosa dan kejahatan berleluasa dan pengetahuan bertambah maju, kerja kuasa yang dapat menangkis pemikiran manusia adalah amat diperlukan. Itu sebabnya, pada akhir zaman, Tuhan mendisiplinkan Manmin dan merahmatinya dengan kuasa yang sentiasa bertambah.

Selain itu, penggemburan manusia yang telah ditetapkan oleh Tuhan juga semakin hampir ke penghujung. Sehingga masa yang ditentukan oleh Tuhan tiba, kuasa adalah alat yang diperlukan yang dapat menyelamatkan manusia yang mempunyai peluang untuk menerima penyelamatan. Hanya dengan kuasa, lebih ramai manusia dapat dipimpin ke jalan penyelamatan dengan lebih cepat.

Disebabkan penghukuman dan musibat yang berterusan, amat sukar untuk menyebarkan ajaran di sesetengah negara di dunia, dan ramai lagi manusia yang masih belum pernah mendengar tentang ajaran. Selain itu, walaupun dalam kalangan orang yang mengakui keimanan kepada Yesus, jumlah orang yang mempunyai keimanan sebenar tidaklah sebanyak yang kita sangka. Dalam Lukas 18:8 Yesus bertanya kepada kita, "Jika Anak Manusia itu datang, adakah Ia mendapati iman di bumi?" Ramai orang menghadiri gereja, tetapi tidak banyak perbezaan antara mereka dengan orang lain di dunia, yang masih berterusan hidup dalam dosa.

Namun, walaupun di negara dan wilayah di dunia di mana agama Kristian dikecam, apabila manusia mengalami kerja berkuasa Tuhan, keimanan yang tidak takut dengan kematian akan berkembang dan penyebaran berapi ajaran agama akan bermula. Orang yang hidup dalam dosa tanpa keimanan sebenar kini diperkasakan untuk hidup berpandukan firman Tuhan, apabila mereka mengalami sendiri kerja berkuasa Tuhan yang Maha Hidup.

Dalam banyak misi ke luar negara, saya telah pergi ke negara yang melarang apa jua penyebaran agama dan pemberitahuan berita baik, serta mengecam gereja. Saya telah menyaksikan sendiri di negara-negara seperti Pakistan dan Emiriah Arab Bersatu, yang mana ramai penganut agama Islam, dan negara India yang majoriti Hindu, iaitu apabila pengakuan tentang Yesus dan bukti di mana orang ramai dapat mempercayai Tuhan yang Hidup diperlihatkan, banyak jiwa yang telah bertukar kepercayaan dan mencapai penyelamatan. Walaupun mereka pernah memuja patung, apabila mereka mengalami kerja kuasa Tuhan, mereka akan menerima Yesus Kristus tanpa takut dengan akibat buruk tindakan undang-undang. Ini membuktikan kebesaran kuasa Tuhan.

Seperti petani yang mengutip hasil semasa musim menuai, Tuhan menunjukkan kuasa yang hebat supaya Dia dapat menuai semua jiwa yang akan menerima penyelamatan pada akhir zaman.

Tanda-tanda Akhir Zaman Seperti yang Dinyatakan Dalam Alkitab

Dengan firman Tuhan yang dicatatkan dalam Alkitab, kita akan tahu masa di mana kehidupan sudah hampir tiba ke penghujung. Walaupun Tuhan tidak memberitahu kita tarikh dan masa yang tepat akhir zaman akan berlaku, Dia telah memberikan kita petanda, di mana kita dapat mengagak bilakah akhir zaman akan tiba. Seperti kita dapat mengagak bahawa hujan akan turun apabila awan berkumpul, melalui cara sejarah berlalu, tanda-tanda dalam Alkitab membolehkan kita untuk meramal akhir zaman.

Contohnya, dalam Lukas 21 kita dapati, "Dan apabila kamu mendengar tentang peperangan dan pemberontakan, janganlah kamu terkejut. Sebab semuanya itu harus terjadi dahulu, tetapi itu tidak bererti kesudahannya akan datang segera" (ayat 9), dan "dan akan terjadi gempa bumi yang dahsyat dan di berbagai tempat akan ada penyakit sampar dan kelaparan, dan akan terjadi juga hal-hal yang mengejutkan dan tanda-tanda yang dahsyat dari langit" (ayat 11).

Dalam 2 Timotius 3:1-5, dinyatakan seperti berikut:

Ketahuilah bahwa pada hari-hari terakhir akan datang masa

yang sukar. Manusia akan mencintai dirinya sendiri dan menjadi hamba wang. Mereka akan membual dan menyombongkan diri, mereka akan menjadi pemfitnah, mereka akan berontak terhadap orang tua dan tidak tahu berterima kasih, tidak mempedulikan agama, tidak tahu mengasihi, tidak mahu berdamai, suka menjelikkan orang, tidak dapat mengekang diri, garang, tidak suka yang baik, suka mengkhianat, tidak berfikir panjang, berlagak tahu, lebih menuruti hawa nafsu dari pada menuruti Tuhan. Secara lahiriah mereka menjalankan ibadah mereka, tetapi pada hakikatnya mereka memungkiri kekuatannya. Jauhilah mereka itu.

Ada banyak penyakit dan tanda-tanda di seluruh dunia, dan hati dan fikiran manusia menjadi semakin jahat sekarang. Setiap minggu, saya menerima kisah-kisah berkenaan kejadian dan kemalangan, dan jumlah setiap kisah ini semakin hari semakin bertambah. Ini bermakna ada banyak bencana, kejadian buruk dan perkara jahat yang berlaku di dunia.

Namun, manusia tidak peka terhadap kejadian dan kemalangan ini, tidak seperti dahulu. Memandangkan mereka mendengar kisah kejadian dan kemalangan begini setiap hari, mereka telah menjadi biasa dengannya. Kebanyakan daripada mereka tidak lagi mengambil kisah tentang jenayah kejam, perang besar, bencana alam dan kematian daripada perkara-

perkara ini. Kejadian begini dahulunya memenuhi muka hadapan media massa. Namun, melainkan kejadian itu amat menyentuh hati atau berlaku terhadap seseorang yang mereka kenali, bagi kebanyakan orang ia tidak penting dan akhirnya akan dilupakan.

Melalui sejarah, manusia yang sedar dan mempunyai komunikasi yang jelas dengan Tuhan menyaksikan dengan sebulat suara bahawa Kedatangan Yesus sudah semakin hampir.

Nubuat tentang Akhir Zaman dan Takdir Tuhan bagi Gereja Besar Manmin

Melalui nubuat Tuhan yang didedahkan kepada Manmin, kita dapat lihat bahawa akhir zaman sudah hampir tiba. Sejak penubuhan Manmin sehingga hari ini, Tuhan telah memberitahu terlebih dahulu keputusan pilihan raya presiden dan parlimen, kematian tokoh penting dan terkenal di Korea dan luar negara, dan banyak kejadian lain yang telah membentuk sejarah dunia.

Saya telah banyak kali mendedahkan maklumat begini dalam bentuk akronim, dalam buletin mingguan gereja. Jika kandungannya terlalu sensitif, saya hanya akan mendedahkan maklumat ini kepada beberapa individu. Dalam beberapa tahun ini, saya telah menyatakan daripada mimbar dari semasa ke semasa, pendedahan tentang Korea Utara, Amerika Syarikat, dan kejadian yang berlaku di seluruh dunia.

Kebanyakan daripada nubuat ini dipenuhi seperti yang dijanjikan, dan ramalan yang masih belum dipenuhi adalah berkenaan kejadian yang sama ada masih berlaku atau masih belum datang. Kebanyakan nubuat yang berkenaan kejadian yang bakal berlaku adalah mengenai akhir zaman. Ada antaranya takdir Tuhan untuk Gereja Besar Manmin, dan kita akan teliti beberapa nubuat ini.

Nubuat pertama berkenaan hubungan Korea Utara dan Selatan

Sejak penubuhannya, Tuhan telah mendedahkan banyak perkara tentang Korea Utara kepada Manmin. Ini kerana kami mempunyai panggilan untuk menyebarkan ajaran di Korea Utara pada akhir zaman. Pada tahun 1983, Tuhan telah mendedahkan kepada kami tentang satu sidang kemuncak antara pemimpin Korea Utara dan Selatan serta keputusannya. Tidak lama selepas sidang kemuncak ini, Korea Utara akan membuka pintunya kepada dunia buat beberapa lama, tetapi akan menutup semula selepas seketika. Tuhan telah menyatakan bahawa apabila Korea Utara dibuka, ajaran kesucian dan kuasa Tuhan akan masuk ke negara ini dan dakwah akan bermula. Tuhan memberitahu kami supaya mengingati bahawa Kedatangan Yesus akan berlaku tidak lama lagi, apabila Korea Utara dan Selatan bertindak dalam cara tertentu. Tuhan telah meminta saya untuk merahsiakan bagaimana dua negara Korea ini akan "bertindak dalam cara tertentu", dan saya tidak dapat berkongsi maklumat ini

Seperti yang anda sedari, sidang kemuncak antara dua negara Korea berlaku pada tahun 2000. Anda mungkin berasakan bahawa Korea Utara, yang tunduk kepada tekanan antarabangsa, akan membuka pintunya tidak lama selepas itu.

Nubuat kedua berkenaan panggilan untuk misi dunia.

Tuhan telah menyediakan Manmin beberapa perhimpunan di luar negara di mana beribu-ribu orang telah menghadirinya, dan merahmati kami untuk menyebarkan dakwah ke dunia dengan cepat, dengan kuasaNya yang hebat. Ini termasuklah Perhimpunan Gospel Suci di Uganda, yang mana berita tentangnya telah disiarkan secara antarabangsa di Cable News Network (CNN); Perhimpunan Penyembuhan di Pakistan, yang menggegarkan dunia Islam dan membuka pintu untuk kerja mubaligh di Timur Tengah; Perhimpunan Gospel Suci di Kenya di mana banyak penyakit, termasuklah AIDS telah disembuhkan; Perhimpunan Penyembuhan Bersatu di Filipina di mana kuasa Tuhan diperlihatkan dengan begitu hebat; Perhimpunan Penyembuhan Keajaiban di Honduras, yang memperlihatkan taufan Roh Kudus; dan Perhimpunan Festival Doa Penyembuhan Keajaiban di India, negara penganut Hindu terbesar di dunia, yang mana 3 juta orang telah berkumpul bagi menghadiri perhimpunan selama empat hari ini. Semua perhimpunan ini telah menjadi batu loncatan bagi Manmin, untuk masuk ke Israel, destinasi terakhirnya.

Di bawah perancangan agung Tuhan untuk penggemburan manusia, Tuhan menciptakan Adam dan Hawa, dan selepas kehidupan bermula di dunia, manusia bertambah biak. Dalam kalangan manusia, Tuhan memilih satu kaum, Israel, iaitu anak cucu Yaakub. Melalui sejarah orang Israel, Tuhan mahu memperlihatkan keagungan dan takdirNya untuk penggemburan manusia, bukan hanya untuk Israel, malah juga orang lain di seluruh dunia. Orang Israel menjadi model atau contoh bagi penggemburan manusia, dan sejarah Israel, yang ditadbirkan oleh Tuhan sendiri, bukanlah hanya satu sejarah sebuah negara tetapi mesej Tuhan untuk semua orang. Selain itu, sebelum melengkapkan penggemburan manusia yang bermula dengan Adam, Tuhan telah berkehendakkan supaya ajaran kembali ke Israel, di mana ia bermula. Namun, amat sukar untuk menjalankan perhimpunan Kristian dan menyebarkan ajaran di Israel. Manifestasi kuasa Tuhan yang dapat menggegarkan syurga dan neraka diperlukan di Israel, dan memenuhi takdir Tuhan ini adalah panggilan yang dikhususkan untuk Manmin pada hari-hari akhir.

Melalui Yesus Kristus, Tuhan telah mencapai takdir penyelamatan manusia, dan membolehkan sesiapa sahaja yang menerima Yesus sebagai Penyelamatnya untuk menerima kehidupan abadi. Namun, manusia pilihan Tuhan iaitu Israel, tidak mengakui Yesus sebagai Al-Masih. Tambahan pula, walaupun sehingga saat anak-anak Tuhan diangkat ke udara, orang Israel tidak akan memahami takdir penyelamatan melalui Yesus Kristus.

Pada hari-hari terakhir, Tuhan mahu orang Israel untuk bertaubat dan menerima Yesus sebagai Penyelamat mereka supaya mereka akan dapat mencapai penyelamatan. Itu sebabnya Tuhan telah membolehkan ajaran suci untuk masuk dan tersebar di seluruh Israel melalui panggilan mulia yang telah diberikanNya kepada Manmin. Memandangkan kini batu loncatan penting untuk kerja mubaligh di Timur Tengah telah dicapai pada bulan April 2003, menurut kehendak Tuhan, Manmin akan membuat persediaan khas untuk Israel dan mencapai takdir Tuhan.

Nubuat ketiga berkenaan pembinaan Sanktuari Besar.

Sejurus selepas penubuhan Manmin, semasa Tuhan mendedahkan takdirNya untuk akhir zaman, Tuhan memberikan kami satu panggilan untuk pembinaan Sanktuari Besar yang akan mendedahkan keagungan Tuhan kepada semua orang di dunia.

Semasa zaman Perjanjian Lama, tidak mustahil bagi manusia untuk mencapai penyelamatan melalui amalan. Walaupun dosa dalam hati seseorang tidak disingkirkan, selagi dosa ini tidak dilakukan secara fizikal, sesiapa sahaja dapat diselamatkan. Rumah Ibadat pada zaman Perjanjian Lama adalah rumah ibadat di mana orang ramai menyembah Tuhan hanya dengan amalan, seperti yang ditetapkan oleh hukum.

Namun semasa zaman Perjanjian Baru, Yesus datang dan memenuhi hukum kasih sayang, dan dengan keimanan kita terhadap Yesus Kristus, kita akan menerima penyelamatan. Rumah Ibadat yang diinginkan Tuhan pada zaman Perjanjian

Baru bukan hanya akan dibina dengan amalan, tetapi juga dengan hati. Rumah Ibadat ini akan dibina oleh anak-anak sejati Tuhan yang telah menyingkirkan dosa, dalam hati yang suci dan kasih sayang mereka terhadapNya. Ini sebabnya Tuhan membenarkan Rumah Ibadat daripada zaman Perjanjian Lama dimusnahkan dan membolehkan rumah ibadat baru yang mempunyai makna rohani sebenar untuk dibina.

Oleh itu, orang yang akan membina Sanktuari Besar mestilah dianggap benar pada pandangan Tuhan. Mereka mestilah anak Tuhan yang telah menyunatkan hati, mempunyai hati yang bersih dan suci, dan dipenuhi keimanan, harapan dan kasih sayang. Apabila Tuhan melihat Sanktuari Besar dibina oleh anak-anakNya yang telah disucikan, Dia bukan sahaja akan senang hati dengan rupa bentuk bangunan ini. Sebaliknya, dengan Sanktuari Besar ini, Dia akan mengingat semula proses pembinaan Sanktuari ini, dan mengingati semula setiap seorang daripada anak-anak sejatiNya yang merupakan buah air mata, pengorbanan dan kesabaranNya.

Sanktuari Besar ini mempunyai kepentingan yang mengesankan. Ia akan menjadi monumen bagi penggemburan manusia, serta simbol kesenangan hati Tuhan selepas menuai hasil tuaian yang bagus. Ia dibina pada akhir zaman kerana ia adalah projek bangunan sangat besar yang akan menyerlahkan

keagungan Tuhan kepada semua manusia di dunia. Dengan diameter 600 meter (kira-kira 1970 kaki) dan ketinggian 70 meter (230 kaki), Sanktuari Besar adalah bangunan gah yang akan dibina dengan bahan indah, sukar didapati dan berharga, dan setiap kepingan struktur dan perhiasan, keagungan Baitulmuqaddis Baru, penciptaan enam hari dan kuasa Tuhan akan diselitkan. Melihat Sanktuari Besar sahaja sudah cukup untuk membuatkan manusia merasakan kemegahan dan kemuliaan Tuhan. Orang yang bukan penganut pun akan berasa kagum dengan bangunan ini dan mengakui keagungan Tuhan.

Akhirnya, pembinaan Sanktuari Besar adalah penyediaan bahtera di mana banyak jiwa akan menerima penyelamatan. Pada akhir zaman di mana dosa dan kejahatan berleluasa, sama seperti semasa zaman Nuh, apabila manusia yang telah dipimpin oleh anak-anak Tuhan dan dianggap benar olehNya datang ke Sanktuari Besar dan tampil untuk percaya kepada Tuhan, mereka akan menerima penyelamatan. Lebih ramai orang akan mendengar berita tentang keagungan dan kuasa Tuhan, dan mereka akan datang untuk melihat sendiri. Apabila mereka datang, banyak bukti Tuhan akan diperlihatkan. Mereka juga akan diajarkan rahsia dunia rohani dan disedarkan tentang kehendak Tuhan yang mahu mendapatkan anak-anak sejati yang menyerupai imejNya sendiri.

Sanktuari Besar akan menjadi nukleus bagi fasa akhir

penyebaran ajaran sedunia sebelum Kedatangan Yesus kita. Selain itu, Tuhan telah memberitahu Manmin bahawa apabila tiba masanya untuk pembinaan Sanktuari Besar bermula, Dia akan memimpin raja-raja dan individu yang mempunyai kekayaan untuk membantu pembinaan ini.

Sejak penubuhannya, Tuhan telah mendedahkan nubuat akhir zaman dan takdirNya untuk Gereja Besar Manmin. Sehingga hari ini, Tuhan telah terus menerus memperlihatkan kuasa yang semakin bertambah dan memenuhi firmanNya. Melalui sejarah gereja, Tuhan sendiri telah memimpin Manmin untuk mencapai takdirNya. Selain itu, sehingga saat Yesus kembali, Dia akan memimpin kami untuk menyelesaikan semua tugas yang telah diberikan kepada kami dan menyerlahkan keagungan Yesus di seluruh dunia.

Dalam Yohanes 14:11, Yesus memberitahu kita, "Percayalah kepadaKu, bahawa Aku di dalam Bapa dan Bapa di dalam Aku; atau setidak-tidaknya, percayalah kerana pekerjaan-pekerjaan itu sendiri." Dalam Ulangan 18:22, kita dapati, "Apabila seorang nabi berkata demi nama TUHAN dan perkataannya itu tidak terjadi dan tidak sampai, maka itulah perkataan yang tidak difirmankan TUHAN. Dengan terlalu berani nabi itu telah mengatakannya, maka janganlah gentar kepadanya." Saya harap anda akan faham takdir Manmin melalui kuasa dan nubuat yang diperlihatkan serta dipertunjukkan di Gereja Besar Manmin.

Dengan mencapai takdir Tuhan melalui Gereja Besar Manmin pada akhir zaman, Tuhan tidak memberikan gereja ini kebangkitan dan kuasa dalam sekelip mata. Dia telah melatih kami selama lebih 20 tahun. Seperti mendaki gunung yang tinggi dan curam dan belayar merintangi ombak besar di lautan ganas, Dia berkali-kali memimpin kami melalui ujian, dan melalui orang yang telah melepasi ujian yang sama dengan keimanan yang teguh, menyediakan bekas yang dapat mencapai misi dunia.

Hal ini sama juga untuk anda semua. Keimanan dengan mana seseorang dapat masuk ke Baitulmuqaddis Baru tidak terbentuk atau berkembang dalam masa sehari; anda perlu sentiasa sedar dan bersedia untuk hari kepulangan Yesus kita. Yang paling penting, musnahkan semua dinding dosa, dan dengan keimanan yang teguh dan tidak berubah, berlarilah ke arah syurga. Apabila anda bergerak ke hadapan dengan ketekunan begini, Tuhan tentu sekali akan merahmati jiwa anda untuk tenang dan menjawab semua keinginan dalam hati anda. Selain itu, Tuhan akan memberikan keupayaan dan kuasa rohani yang mana melaluinya anda akan dapat digunakan sebagai bekas berharga Tuhan untuk takdirNya pada akhir zaman.

Semoga setiap daripada anda berpegang teguh kepada keimanan masing-masing sehingga Yesus kembali dan bertemu kembali di syurga yang kekal dan di Bandar Baitulmuqaddis Baru, dengan nama Yesus Kristus saya berdoa!

Penulis
Dr. Jaerock Lee

Dr. Jaerock Lee dilahirkan di Muan, Wilayah Jeonnam, Republik Korea, pada tahun 1943. Dalam usia 20-an, Dr. Lee menderitai pelbagai penyakit yang tidak dapat disembuhkan selama tujuh tahun dan menunggu kematian tanpa harapan untuk sembuh. Suatu hari dalam musim bunga tahun 1974, beliau dibawa ke sebuah gereja oleh kakaknya dan apabila beliau melutut untuk berdoa, Tuhan yang Maha Hidup menyembuhkan semua penyakitnya dengan serta-merta.

Sejak Dr. Lee bertemu Tuhan yang Maha Hidup melalui pengalaman menakjubkan ini, beliau mencintai Tuhan dengan sepenuh hati dan keikhlasan, dan pada tahun 1978, beliau telah terpanggil untuk menjadi hamba Tuhan. Beliau berdoa dengan khusyuk supaya dapat memahami dengan jelas kehendak Tuhan, dan mencapai tahap ini serta mematuhi semua Firman Tuhan. Pada tahun 1982, beliau mengasaskan Gereja Besar Manmin di Seoul, Korea, dan menjalankan banyak kerja Tuhan, termasuklah penyembuhan dan mukjizat, semuanya berlaku di gereja ini.

Pada 1986, Dr. Lee telah ditahbiskan sebagai paderi pada Perhimpunan Tahunan Yesus Gereja Sungkyul di Korea, dan empat tahun selepas itu, pada tahun 1990, khutbahnya mula disiarkan di Australia, Rusia, Filipina, dan banyak negara lain melalui Syarikat Penyiaran Far East, Stesen Penyiaran Asia dan Sistem radio Washington Christian.

Tiga tahun selepas itu, pada tahun 1993, Gereja Besar Manmin telah dipilih sebagai "50 Gereja Teratas Dunia" oleh majalah Christian World (AS) dan beliau menerima Ijazah Kedoktoran Kehormat Kesucian dari Kolej Keimanan Kristian, Florida, AS, dan PhD pada tahun 1996 dalam bidang Penyebaran Agama, oleh Seminari Teologi Kingsway, Iowa, AS.

Sejak 1993, Dr. Lee telah menerajui misi dunia melalui banyak perjuangan ke luar negara seperti ke Tanzania, Argentina, L.A., Baltimore,

Hawaii, dan New York di AS, Uganda, Jepun, Pakistan, Kenya, Filipina, Honduras, India, Rusia, Jerman, Peru, Republik Demokratik Congo, dan Israel. Pada tahun 2002, beliau digelar "paderi sedunia" oleh akhbar Kristian utama di Korea atas sumbangan kerjanya dalam pelbagai Perhimpunan Besar Bersatu di uar negara.

Setakat bulan September 2010, Gereja Besar Manmin mempunyai ahli seramai 100,000 orang. Terdapat 9,000 cawangan gereja di dalam dan luar negara di seluruh dunia, dan setakat ini lebih 132 misi mubaligh telah dihantar ke 23 negara, termasuklah Amerika Syarikat, Rusia, Jerman, Kanada, Jepun, China, Perancis, India, Kenya dan banyak lagi.

Pada tarikh buku ini diterbitkan, Dr. Lee telah menulis 60 buah buku, termasuklah yang mendapat sambutan hangat seperti Tasting Eternal Life before Death, My Life My Faith I & II, The Message of the Cross, The Measure of Faith, Heaven I & II, Hell, dan The Power of God. Hasil karyanya telah diterjemahkan ke dalam lebih 44 bahasa.

Penulisan kolumnya diterbitkan dalam The Hankook Ilbo, The JoongAng Daily, The Dong-A Ilbo, The Munhwa Ilbo, The Seoul Shinmun, The Kyunghyang Shinmun, The Hankyoreh Shinmun, The Korea Economic Daily, The Korea Herald, The Shisa News, dan The Christian Press.

Dr. Lee kini merupakan pemimpin banyak organisasi dan persatuan Kristian: termasuk sebagai Pengerusi, Gereja Penyatuan Suci Yesus Kristus; Presiden, Misi Dunia Manmin; Presiden Tetap, Persatuan Misi Kebangkitan Kristian Dunia; Pengasas, Manmin TV; Pengasas & Pengerusi Lembaga, Global Christian Network (GCN); Pengasas & Pengerusi Lembaga, Jaringan Doktor Kristian Sedunia (WCDN); dan Pengasas & Pengerusi Lembaga, Seminari Antarabangsa Manmin (MIS).

Buku-buku lain yang hebat dari penulis yang sama

Syurga I & II

Jemputan ke Bandar Suci Baitulmuqaddis Baru, yang mana 12 pintu pagarnya diperbuat daripada mutiara yang bergemerlapan, di tengah-tengah Syurga yang luas dan bersinar seperti permata berharga.

Tujuh Gereja

Mesej Tuhan untuk membangkitkan penganut dan gereja daripada tidur rohani, yang dihantar ke tujuh gereja yang dicatatkan dalam Wahyu bab 2 dan 3, yang merujuk kepada semua gereja Tuhan

Neraka

Mesej kepada semua manusia dari Tuhan, yang tidak mahu walau satu jiwa pun masuk ke Neraka! Anda akan mengetahui perkara yang tidak pernah diterangkan di mana-mana sebelum ini tentang penderitaan di Neraka.

Merasai Kehidupan Abadi Sebelum Kematian

Buku ini merupakan memoir testimoni Dr. Jaerock Lee, yang dilahirkan semula dan diselamatkan dari jurang bayang-bayang dan kini hidup dengan cara Kristian yang sempurna.

www.urimbooks.com

www.ingramcontent.com/pod-product-compliance
Lightning Source LLC
LaVergne TN
LVHW021812060526
838201LV00058B/3351